LES

COMMISSIONS ROGATOIRES

Exécutées

PAR LA

GENDARMERIE

PAR

A. CHAMPOUDRY

Officier d'administration de 1re classe de la justice militaire.

PARIS

LÉAUTEY, LIBRAIRE-ÉDITEUR

Rue Saint-Guillaume, 24.

—

1895

LES
COMMISSIONS ROGATOIRES
EXÉCUTÉES
PAR LA
GENDARMERIE

LES

COMMISSIONS ROGATOIRES

Exécutées

PAR LA

GENDARMERIE

PAR

A. CHAMPOUDRY

Officier d'administration de 1re classe de la justice militaire.

PARIS

LÉAUTEY, Libraire-Éditeur

Rue Saint-Guillaume, 24.

1895

AVANT-PROPOS.

Ce livre, que nous soumettons aux officiers, sous-officiers et commandants de brigade de la gendarmerie, est consacré à l'exécution des commissions rogatoires, qui constitue l'un des actes les plus importants de la procédure écrite.

Dans ce recueil, nous avons indiqué clairement et fidèlement les moyens de remplir, selon les prescriptions de la loi, la mission difficile confiée par les rapporteurs des conseils de guerre, et par les officiers des corps de troupe procédant aux informations préliminaires, aux commandants de brigade, que l'article 84 du Code militaire a compris dans l'énumération des officiers de police judiciaire.

Tout ce qui est relatif à l'audition des témoins, à l'emploi des interprètes et des experts, aux perquisitions, saisies, etc., a été minutieusement étudié et expliqué dans ce guide pratique, qui permettra à ces précieux auxiliaires de la justice de remplir correctement et sans aucune préparation technique, les mandats judiciaires dont ils seront chargés.

Le seul but que nous poursuivons est d'être utile, et nous serons pleinement satisfait si la publication de cette étude rend quelques services.

ABRÉVIATIONS.

C. M......	Code de justice militaire.
I. C.......	Code d'instruction criminelle.
C. P.......	Code pénal.
D.........	Décret.
Inst.......	Instruction.
C. minist...	Circulaire ministérielle.
D. minist...	Dépêche ministérielle.
I. minist...	Instruction ministérielle.
L. minist...	Lettre ministérielle.
N. minist...	Note ministérielle.
C. minist. j.	Circulaire du ministre de la justice.
Cass.......	Arrêt de la Cour de cassation.
Révision ...	Décision du conseil de revision.
Comm.	Commentaire.
Exposé	Exposé des motifs du projet de Code militaire.
Rapport. ...	Rapport au Corps législatif.
Art........	Article.
P.........	Page.
V.........	Voyez.
21-s.......	N° 21 et suivants.

COMMISSION ROGATOIRE.

---

1. La commission rogatoire est un acte au moyen duquel le rapporteur délègue ses pouvoirs, pour tout ou partie de l'instruction d'une affaire, aux magistrats et officiers de police judiciaire qui ont légalement qualité pour le suppléer, soit à l'effet de recevoir les déclarations de témoins éloignés, soit pour constater un fait ou procéder à une opération quelconque (1).

2. Lorsque les témoins résident hors du lieu où se fait l'information, le rapporteur peut requérir, par commission rogatoire, soit le rapporteur près le conseil de guerre, soit le juge d'instruction, soit le juge de paix du lieu dans

---

(1) Ce droit de délégation appartient également et dans les mêmes conditions aux officiers des corps de troupe chargés de l'information préliminaire.

lequel ces témoins sont résidents, à l'effet de recevoir leur déposition. (*Art.* 102, *C. M.*).

3. Bien que la loi n'ait désigné expressément que les rapporteurs, les juges d'instruction et les juges de paix comme étant susceptibles d'être requis à l'exécution des commissions rogatoires, la jurisprudence a admis et affirmé que les officiers, sous-officiers et commandants de brigade de la gendarmerie sont aptes à remplir cette mission, l'article 84 les classant parmi les officiers de police judiciaire.

4. Une lettre ministérielle, du 24 janvier 1862, a expliqué très nettement que les expressions de l'article 102 sont seulement indicatives et que les officiers, sous-officiers et commandants de brigade étant autorisés par la loi à exercer les fonctions d'officiers de police judiciaire, possèdent l'aptitude nécessaire pour remplir les commissions rogatoires.

5. Cette opinion a été répétée à maintes reprises, notamment dans une décision du 30 juin 1870, qui énonce expressément que

l'article 102 ne doit pas être entendu dans un sens limitatif, car, aux termes de la loi, les officiers, sous-officiers et commandants de brigade de la gendarmerie sont officiers de police judiciaire. Ils ont, par conséquent, qualité pour recevoir, par commissions rogatoires, les dépositions des témoins domiciliés hors du lieu où s'instruit une affaire.

6. S'inspirant probablement de la jurisprudence qui existait antérieurement à la promulgation de la loi militaire, l'article 133 du décret du 1er mars 1854, portant règlement sur l'organisation et le service de la gendarmerie, a admis ce principe dans les termes suivants : « Les officiers rapporteurs près les conseils de guerre peuvent décerner des commissions rogatoires aux officiers, sous-officiers et commandants de brigade de gendarmerie, à l'effet d'entendre des témoins, de recueillir des renseignements et d'accomplir tous les actes inhérents à leur qualité d'officier de police judiciaire, conformément aux dispositions de l'article 84 du Code de justice militaire. »

7. Enfin, ce point de droit a été définitivement fixé par une décision du conseil de revision de Paris, en date du 25 septembre 1884, dont le caractère juridique ne saurait échapper. — Cette décision porte en résumé : L'article 102 du Code de justice militaire est énonciatif et non limitatif et restrictif. — Les commissions rogatoires peuvent donc être exécutées par les officiers de police judiciaire mentionnés en l'article 84 dudit Code. Le décret du 1er mars 1854 et la décision du 24 avril 1858 donnent, du reste, aux commandants de brigade de gendarmerie compétence pour entendre, par commission rogatoire, des témoins et accomplir tous les actes inhérents à leur qualité d'officier de police judiciaire

8. L'officier de police judiciaire légalement requis par commission rogatoire, régulièrement décernée, n'a pas le droit d'en différer l'exécution, soit parce qu'il n'en reconnaîtrait pas l'opportunité ou la nécessité, soit parce qu'il aurait participé à une information suivie par le parquet civil. Son premier soin doit être d'étu-

dier attentivement toutes les dispositions de l'acte rogatoire et de s'en bien pénétrer, afin d'accomplir utilement et avec diligence la mission qui lui est confiée.

9. L'article 104 du Code de justice militaire permet au rapporteur de se dispenser d'entendre les témoins qui auront déjà déposé ; mais il faut, pour que cette première déposition soit considérée comme légale, qu'elle ait eu lieu devant un officier de police judiciaire et que celui-ci ait entendu le témoin dans les formes prescrites par la loi. (*Révision, 2 mai* 1891).

10. Lorsqu'ils sont régulièrement établis, mais seulement alors, les actes des officiers de police judiciaire sont valables, et le rapporteur ne peut les admettre comme pièces de procédure, que sous la condition expresse que les déclarations testimoniales seront constatées dans des procès-verbaux dressés d'après les formes légales. Il est donc de toute nécessité que l'officier de police judiciaire soit assisté d'un greffier, désigné par lui et auquel il fera prêter

le serment de bien et fidèlement remplir ces fonctions, afin que l'acte auquel il procède ait la même force en justice que le procès-verbal d'audition émané directement du juge.

11. L'article 142 de l'instruction du 18 avril 1890 en fait la recommandation en ces termes : Les règles pour l'exécution d'une commission rogatoire sont les mêmes que celles suivies par l'officier de police judiciaire militaire lorsque, dans toute autre circonstance, il procède à une information. Toutefois, l'assistance d'un greffier, qui prête serment, est obligatoire ; dans ce cas, mention est faite de cette formalité au procès-verbal d'information.

12. L'officier de police judiciaire commis à l'exécution d'une commission rogatoire n'a pas le droit de subdéléguer ses pouvoirs ; malgré cela, il a été jugé que la commission rogatoire exécutée directement par un officier de police autre que celui délégué, n'est qu'une irrégularité ne constituant pas un excès de pouvoir. Le conseil de revision, dans une décision du 25 sep-

tembre 1884, a ainsi rappelé cette jurisprudence : Une commission rogatoire adressée au maréchal des logis commandant des brigades de gendarmerie peut, en l'absence de ce sous-officier, être exécutée par un brigadier commandant une brigade de la même localité. Ce fait ne constitue qu'une irrégularité.

13. Le droit de subdélégation étant refusé aux officiers de police judiciaire, l'officier délégué devra donc renvoyer immédiatement la commission rogatoire au rapporteur, lorsque le témoin à entendre aura quitté sa circonscription. Si la commission est collective, il la remplira dans la partie pour laquelle il a compétence, et fera connaître au rapporteur le motif pour lequel il n'aura pu satisfaire complètement à ses réquisitions. Il fera toujours connaître la nouvelle résidence du témoin recherché.

14. En campagne, le droit de subdélégation est formellement reconnu, mais dans une certaine mesure seulement, par l'article 142 de l'instruction du 18 avril 1890, dont l'ultième

paragraphe est ainsi conçu : Le commissaire du gouvernement rapporteur adresse toujours les commissions rogatoires à l'officier commandant la gendarmerie de la fraction de l'armée dans l'arrondissement de laquelle il y a lieu d'entendre les témoins, de prendre les renseignements, de procéder aux actes d'information. Cet officier, s'il est empêché, peut charger, en le déléguant par écrit, un officier ou un chef de brigade placé sous ses ordres de faire l'information ou seulement une partie des actes demandés par la commission rogatoire.

15. Mais si l'un des témoins n'est plus dans l'arrondissement de la fraction de l'armée à laquelle appartient l'officier de police judiciaire militaire saisi par une commission rogatoire, ce même article 142 lui prescrit d'en informer sur-le-champ le commissaire du gouvernement rapporteur, en lui renvoyant la commission.

16. Une lettre ministérielle du 6 novembre 1868 énonce qu'il faut, *autant que possible*, charger de l'exécution d'une commission roga-

toire un militaire d'un grade au moins égal à celui du militaire à entendre, mais que ce n'est pas là une obligation. De même, ajoute cette lettre, le rapporteur peut avoir à recueillir la déposition d'officiers dont il est l'inférieur, car ce n'est pas en raison du grade que l'on instrumente, mais en raison de la fonction.

17. Lorsqu'un juge d'instruction est délégué à l'exécution d'une commission rogatoire, il est autorisé à faire tous les actes accessoires à ceux dont il est chargé. — Il procède absolument de la même manière et a les mêmes droits que le magistrat requérant, puisqu'il est investi par la loi des pouvoirs attribués à ce dernier. Mais il en est autrement du juge de paix, *à fortiori* de l'officier de police judiciaire, à qui il n'appartient que de constater la déposition, la non comparution ou le refus de déposer ou de prêter serment, et de rendre compte en renvoyant les pièces au rapporteur, seul compétent pour prononcer la pénalité édictée par la loi, en répression de ces fautes.

18. La délégation se fait toujours par écrit. Elle est minutée au nom du magistrat commettant, et porte l'indication des articles de loi qui l'ordonnent ou l'autorisent. Elle doit désigner les prévenus ou indiquer que la procédure est suivie contre des inconnus. Le crime ou le délit y est énoncé avec sa qualification légale et ses circonstances aggravantes, s'il est possible. Enfin, la commission doit contenir toutes les particularités propres à éclairer le magistrat délégué sur la portée de l'acte réclamé de son ministère.

19. Quoiqu'il soit préférable d'indiquer les noms des magistrats requérant et requis dans la délégation, il a été jugé qu'il ne résulte aucune irrégularité de ce que le juge ou l'officier délégué ne serait pas personnellement dénommé dans la commission rogatoire. Il suffit, pour la régularité de l'acte, qu'il y soit désigné par sa qualité judiciaire.

20. Les témoins sont désignés le plus clairement possible, et la commission rogatoire men-

tionne, à la suite de cette désignation, que le fonctionnaire délégué est invité à entendre tous autres témoins dont la déposition lui paraîtrait utile à la manifestation de la vérité, ainsi qu'à poser aux témoins dénommés toutes questions qu'il jugerait à propos, en dehors de celles que renferme la délégation.

21. Le juge délégué ne doit, à peine d'excès de pouvoir, faire que les actes à l'exécution desquels il est commis; mais il est nécessairement autorisé à faire tous ceux qui, quoique non indiqués expressément sur la commission, rentrent par leur objet ou leur but dans la mission qu'il a reçue. Chargé d'entendre des témoins, il peut et doit entendre ceux que désignent les témoins qui lui ont été nominativement indiqués.

22. La délégation est établie sur la formule imprimée, portant le numéro 7 de la série ministérielle, dont nous donnons le modèle régulièrement rempli en conformité des prescriptions légales. Des procès-verbaux d'infor-

mation — numéro 7 *bis* de la série ministérielle — sont joints à la commission en nombre suffisant, chaque témoignage devant être recueilli sur un procès-verbal séparé.

23. Commission rogatoire.

(Article 102 du Code de justice militaire.)

2e CONSEIL DE GUERRE PERMANENT (1)
DU GOUVERNEMENT MILITAIRE DE PARIS, SÉANT A PARIS.

Nous, rapporteur près le 2e conseil de guerre du gouvernement militaire de Paris ;

Vu la procédure commencée contre le nommé

---

(1) Lorsque la commission émane d'un officier de troupe procédant à une information au corps, l'en-tête doit être ainsi modifié :

e RÉGIMENT D'INFANTERIE.

Nous..., capitaine au e régiment d'infanterie, officier de police judiciaire par délégation de M. le colonel commandant ledit régiment;

Suivre ensuite ainsi que l'indique la formule.

RENAULT, Edouard, soldat au 25e régiment d'infanterie ;
inculpé de vols d'une montre et de deniers appartenant à des militaires ;

Attendu qu'il importe d'informer et d'éviter des frais à l'Etat ;

Vu l'article 102 *du Code de justice militaire et les articles* 83 *et* 85 *du Code d'instruction criminelle ;*

Prions et requérons au besoin M. le commandant de la brigade de gendarmerie de Janville (Eure-et-Loir),
auquel nous adressons la présente commission rogatoire, de vouloir bien citer à comparaître devant lui, et d'entendre comme témoins sur les faits et circonstances qui peuvent être à leur *connaissance, relativement au délit ci-dessus mentionné :*

1° *Le sieur* BENOIT, Henri, caporal au 25e régiment d'infanterie, en garnison à Janville ;

2° La demoiselle MOIRAND, Blanche, domiciliée à Janville, 7, rue de Paris, *et tous autres dont les dépositions seraient utiles à la manifestation de la vérité.*

Il convient de leur *adresser les questions suivantes, indépendamment de celles qu'il serait jugé utile de* leur *poser :*

1° Au témoin Benoit :

1re *Question :* Quand et comment vous êtes-vous aperçu du vol dont vous avez été victime ?

2e Question : Aviez-vous des soupçons sur quelqu'un ?

3e Question : Renault savait-il que vous possédiez de l'argent ?

2° Au témoin demoiselle Moirand :

1re Question : Le soldat Renault ne vous a-t-il pas fait présent d'une montre ?

2e Question : A quelle époque vous a-t-il offert ce bijou et que vous a-t-il dit en vous le donnant ?

3e Question : Reconnaissez-vous la montre que je vous représente ?

Prions, en outre, de nous renvoyer la présente

commission rogatoire avec les *procès-verbaux d'information dressés en conséquence, ainsi que toutes les pièces qu'il y aurait lieu de rédiger pour son exécution, conformément à la loi.*

A Paris, *le.....*

Le Rapporteur,

AUDITION DES TÉMOINS.

Citation.

24. Il doit être donné aux témoins assignés, un délai suffisant pour comparaître, mais l'officier de police judiciaire peut aussi les faire comparaître sur simple avertissement, s'ils se trouvent présents sur les lieux, et à bref délai, par exemple pour le jour même à une heure déterminée. La jurisprudence admet que la représentation de la citation n'est pas prescrite à peine de nullité, et que l'assignation verbale ne diminue en rien la validité de l'acte d'audition.

25. Il est nécessaire de ne pas perdre de vue les dispositions de l'instruction du 18 avril 1890,

qui ont trait à la citation et à l'audition des témoins par l'officier de police judiciaire chargé d'exécuter une commission rogatoire. Quoique ces règles aient été spécialement tracées pour le service prévôtal aux armées en campagne, elles doivent également être suivies lorsqu'il s'agit des informations confiées à la gendarmerie pendant l'état de paix.

26. Toutes les assignations, citations et notifications aux témoins, aux inculpés ou accusés, sont faites sans frais par la gendarmerie ou par les autres agents de la force publique. (*Art.* 183, *C. M.*)

Par agents de la force publique, il faut entendre, aux armées, les sous-officiers, caporaux ou brigadiers, et même les soldats. (*Inst.* 18 *avril* 1890, *art.* 144.)

27. Les citations sont faites au moyen de cédules.

Il y a deux sortes de cédules : la première, pour témoins civils, est toujours individuelle, à cause de la taxe ; la deuxième, pour militaires, peut être collective ; cependant, elle devra être individuelle si les témoins n'appartiennent pas au même corps, ou s'ils ne sont pas dans le même casernement.

Pour les officiers, il y a toujours lieu d'établir une cédule individuelle.

La formule est la même dans tous les cas ; seulement, la cédule du témoin civil doit porter au dos le mandat de payement en vertu duquel le payeur du corps d'armée ou de la division lui paye l'indemnité qui lui est allouée. (*Art.* 145, *Inst.* 18 *avril* 1890.)

28. La cédule doit être notifiée au témoin lui-même, à la caserne, puis remise à l'adjudant de semaine pour que compte en soit rendu au chef de corps.

Si le témoin est absent, l'agent de la force publique remet la copie de la cédule à l'adjudant, qui vise l'original et rend compte à ses chefs. Il est fait mention de cette circonstance dans la signification.

Un officier doit être cité à son domicile. (*Art.* 146, *Inst.* 18 *avril* 1890.)

29. Témoin non militaire. — La remise directe de la citation peut être effectuée en quelque lieu que ce soit, au domicile du témoin, parlant à sa personne ou à ses parents, ou à ses serviteurs, ou même partout ailleurs qu'au domicile, mais parlant à sa personne.

Le témoin cité, ses parents, ses serviteurs n'ont pas à signer l'original de la signification. (*Art.* 147, *Inst.* 18 *avril* 1890.)

30. La cédule doit relater la délégation de laquelle émanent les pouvoirs de l'officier de police délégué, sans en énoncer les causes, qui doivent rester secrètes ; elle désigne avec précision les témoins indiqués dans la commission rogatoire.

31. **Cédule.**

Art. 102, 103, 183 du Code militaire.

La présente devra être rapportée en venant déposer.

GENDARMERIE NATIONALE.

Brigade de Janville.

Nous (*nom*, *grade*), commandant la brigade de gendarmerie de Janville, délégué à l'exécution d'une commission rogatoire décernée (1) par M. le rapporteur du 2e conseil de guerre de Paris, requérons le sieur (*nom, prénoms, domicile*) de comparaître devant nous, à la caserne de gendarmerie, le....., à... heures du....., pour y déposer en personne sur les faits relatifs au nommé Renault.

Le témoin requis est prévenu que, faute par lui de se conformer à la présente assignation, il y sera contraint par les voies de droit, conformément à l'article 103 du Code de justice militaire.

Donné à Janville, le.....

L'officier de police judiciaire,

nification. L'an mil huit cent, le....., à la requête de M. le commandant de la brigade de gendarmerie de Janville, nous (*nom*), gendarme soussigné, avons signifié la cédule ci-dessus au sieur....., en son domicile à Janville, parlant à sa personne, ainsi déclaré; et, à ce qu'il n'en ignore, lui avons laissé la présente.

Dont acte, à Janville, les jour, mois et an que dessus.

(*Signature.*)

(1) Ou, selon le cas : Monsieur le capitaine X..., officier de police judiciaire.

32. Original de signification de cédule.

Art. 102, 103, 183 du Code militaire.

GENDARMERIE NATIONALE.

Brigade de Janville.

L'an mil huit cent....., le....., à la requête de M. le commandant de la brigade de gendarmerie de Janville, nous (*nom*), gendarme soussigné, avons signifié au sieur (*nom, prénoms*), en son domicile à Janville, parlant à sa personne, ainsi déclaré,

(*Signature de l'adjudant de service, pour les militaires.*)

la cédule d'assignation, en date du....., à lui décernée par M. le commandant de la brigade de gendarmerie, à l'effet de comparaître à la caserne de gendarmerie le....., et, à ce que le susnommé n'en ignore, lui avons laissé la susdite cédule; dont acte, à Janville, les jour, mois et an que dessus.

(*Signature du gendarme.*)

33. Par cet original peuvent être constatées les significations faites le même jour, par le même agent de la force publique, à plusieurs témoins appelés dans une même affaire.

DÉPOSITION.

---

34. Toute personne citée pour être entendue en témoignage est tenue de comparaître et de satisfaire à la citation, c'est-à-dire de déposer, sous les peines prononcées par l'article 80 du Code d'instruction criminelle et l'article 103 du Code de justice militaire. Le refus de prêter serment, de même que le refus de déposer sont assimilés au refus de comparaître.

35. Si un témoin ne comparaît pas, sans produire d'excuse, ou si, se présentant, il refuse de prêter serment ou de déposer, l'officier de police judiciaire en fait mention dans son procès-verbal d'information, et en réfère de suite au magistrat qui l'a commis, seul com-

pétent pour statuer sur cette désobéissance à justice, et sur les moyens de contraindre le témoin à satisfaire au mandement dont il est l'objet.

36. L'article 142 de l'instruction du 18 avril 1890 s'exprime de la manière suivante à cet égard : « Si l'un des temoins refuse de comparaître ou de déposer, l'officier de police judiciaire dresse un procès-verbal, ainsi qu'il est prescrit à l'article 140 de la présente instruction, et l'envoie, sans délai, au commissaire du gouvernement rapporteur, en même temps que l'original de la citation. »

37. Il ne faut point déduire des termes de l'article 378 du Code pénal, que les médecins, chirurgiens, pharmaciens, sages-femmes et toutes autres personnes, dépositaires par état ou profession des secrets qu'on leur confie, sont dispensés de faire à la justice la révélation des faits qui sont à leur connaissance, lorsqu'ils sont appelés comme témoins et que, dans un intérêt d'ordre public, leurs dépositions sont

jugées nécessaires pour parvenir à la vérité; ledit article 378 n'a, en effet, pour objet que de punir les révélations indiscrètes inspirées par la méchanceté et le dessein de diffamer ou de nuire.

38. Les prêtres ne sont pas tenus de révéler à la justice ce qu'ils ont appris par le secret seul de la confession sacramentelle; ils doivent déposer de tout ce qu'ils ont appris en dehors de cette voie. Les mères et sœurs des congrégations religieuses ne sont pas dispensées de l'obligation de rendre témoignage.

39. Les avocats et les avoués sont dispensés de déposer contre leurs clients de ce qu'ils ont appris confidentiellement, dans leur cabinet, car la vérité leur est dévoilée ainsi qu'à des confesseurs; mais il leur est interdit de se retrancher derrière le secret professionnel, lorsqu'ils ont eu connaissance de faits par une autre voie, ou avant que la partie intéressée leur ait accordé sa confiance; ou bien, lorsqu'ils n'ont été consultés ou employés par elle que dans

le dessein avéré de les empêcher de témoigner. Ces droits d'abstention ont été formellement refusés par la Cour suprême aux notaires, ainsi qu'aux médecins, chirurgiens, etc., pour ce motif que c'est de la discrétion qu'on attend d'eux, et qu'ils ne peuvent être considérés comme indiscrets en obéissant à la justice.

40. Les dépositions doivent être reçues dans les formes prescrites par les articles 73 et suivants du Code d'instruction criminelle, auxquels se réfère l'article 102 du Code de justice militaire, et dont nous reproduisons ci-dessous les dispositions, en les faisant suivre d'un court commentaire, résumé de la jurisprudence intervenue sur chacun d'eux.

41. Les témoins sont entendus séparément, et hors de la présence du prévenu, par le juge d'instruction assisté de son greffier. (*Art.* 73, *I. C.*)

42. Les témoins doivent être entendus hors de la présence de toute autre personne que le juge et le greffier. Quelquefois, cependant,

lorsqu'on entend de très jeunes enfants, il peut être utile de faire assister la personne qui les accompagne, afin de les rassurer; mais le magistrat instructeur doit veiller à ce que cette personne n'exerce pas d'influence sur la déclaration de ces jeunes témoins.

43. Le témoin militaire, est-il dit dans une circulaire ministérielle du 10 décembre 1862, doit déposer sans armes; il se tient debout et découvert, à moins que l'officier instructeur ne permette qu'il en soit autrement.

44. L'officier de police judiciaire adresse au témoin les questions sur lesquelles il est appelé à répondre; après quoi il écoute le témoin sans l'interrompre, pour ne pas le troubler dans ses souvenirs, et ce n'est qu'autant qu'il s'écarterait sensiblement de l'objet de la demande, qu'il lui appartiendrait de l'y ramener. Lorsque le témoin a terminé sa narration, l'officier délégué lui demande toutes les explications qu'il croit nécessaires pour la compléter ou la rendre plus claire.

45. La douceur est convenable envers tous les témoins ; mais l'officier de police doit les maintenir dans le respect, en les mettant cependant à l'aise, sans compromettre sa dignité. Lorsqu'ils sont prolixes, il faut avoir la patience de les entendre. S'ils sont oublieux, il faut les mettre sur la voie et aider leurs souvenirs.

46. Le juge, dit Jousse, doit se comporter avec prudence à l'égard des témoins ; si quelqu'un lui paraît suspect, chancelant et disposé à ne rien dire ou à déguiser la vérité, soit par faveur, soit par crainte ou par un scrupule déplacé, il lui représente l'obligation où il est de déclarer la vérité des faits sans en rien changer. Mais le juge doit éviter de rien suggérer au témoin et de l'intimider ou séduire pour l'engager à déposer. Il doit lui laisser dire librement tout ce qu'il sait, sans user à son égard d'aucune promesse ou contrainte, et, ensuite, faire rédiger sa déposition de la manière dont elle est faite, sans y faire aucun changement.

47. La déposition doit être faite de *vive voix.* L'instructeur ne doit pas admettre une décla-

ration écrite, préparée à l'avance, ni permettre au témoin de la lire, parce que la loi n'accepte pas de témoignage prémédité, qui, par cela même, pourrait avoir été suggéré par un tiers. C'est seulement lorsqu'il s'agit de fixer des dates ou de préciser des calculs que le juge, après avoir reçu la déposition orale, peut permettre au témoin de consulter des notes ou documents écrits.

48. La rédaction doit être simple, mais claire et précise ; l'instructeur doit s'attacher à reproduire avec une entière fidélité, les propres expressions du témoin, ses locutions plus ou moins affirmatives, ses expressions plus ou moins impropres, lorsqu'elles ne sont point contraires aux bienséances. Nous ne saurions trop lui recommander de rendre fidèlement la déposition telle qu'elle a été produite par les témoins ; d'employer leurs expressions, incorrectes peut-être, mais pittoresques et significatives souvent, et surtout de ne pas défigurer, sous un langage recherché, la naïveté et l'exactitude de leurs déclarations.

49. La déposition des témoins, écrit M. Carré, dans son *Manuel des juges de paix*, doit être énoncée en termes clairs, précis, sans aucune équivoque, en conservant sa physionomie de manière à faire connaître si le témoin affirme positivement certains faits, ou s'il se borne à les présenter comme douteux. La manière de présenter un fait, d'exprimer une pensée, peut changer, en quelque sorte, aggraver ou modifier la déposition du témoin ; il faut donc que le juge pèse sur chaque mot, et fasse bien expliquer la personne dont il reproduit le langage. Le juge doit employer, autant que possible, les expressions mêmes du témoin, quelque vicieuses qu'elles soient. En un mot, l'information doit être, ainsi que le disaient avec pleine raison nos anciens criminalistes, « comme un miroir qui représente les objets tels qu'ils sont, sans les augmenter, diminuer ou altérer de quelque manière que ce soit ».

50. Il est bon et salutaire de méditer ces sages réflexions, exprimées par M. Desclozeaux, dans son remarquable ouvrage sur les droits et

devoirs du juge d'instruction, que tout magistrat ou officier de police judiciaire appelé à prendre part à une instruction écrite, devrait avoir constamment présentes à l'esprit : « Quelques magistrats ont cru que leur obligation se bornait à rendre fidèlement le sens des déclarations ; qu'il leur était permis d'enlever les incorrections de langage, et de polir une naïveté quelquefois grossière. C'est une erreur : chacun doit parler son langage ; quand on resume, ou corrige, on affaiblit ; ce n'est pas, sans doute, que la loi impose au magistrat l'obligation de reproduire toutes les incorrections et les fautes grammaticales, puisque leur suppression n'altère en rien le témoignage ; mais le langage même du témoin, ses expressions et, à plus forte raison, l'ordre de ses idées, doivent être soigneusement respectées. » M. de Molènes ajoute, dans son travail sur la police judiciaire : « Si donc il y avait des expressions qui, par leur nature, choquassent les oreilles du juge, celui-ci néanmoins ne peut y suppléer. S'il n'ose les écrire, il doit les indiquer par les lettres initiales ; mais, en résumé, il fera toujours mieux de les reproduire, car il s'agit, avant tout, d'éclairer la justice; il faut savoir écrire ce que la loi veut punir et ce que les tribunaux doivent juger. »

51. Les dépositions doivent être écrites en entier, sans qu'il soit permis à l'officier de police judiciaire de dire, dans le but d'abréger, que le comparant dépose la même chose qu'un tel témoin précédemment entendu, — ou qu'il s'en réfère à la déclaration par lui faite antérieurement devant telle autorité judiciaire, et consignée dans un procès-verbal d'information de telle date.

52. Lorsqu'il est constaté, par un certificat d'un officier de santé, que le témoin se trouve dans l'impossibilité de comparaître sur la citation qui lui aura été donnée, l'officier de police judiciaire devra se transporter en sa demeure, accompagné de son greffier.

53. L'article 86 du Code d'instruction criminelle dispose que si le témoin, auprès duquel s'est transporté le juge, n'est pas réelle-

ment atteint de l'indisposition ou maladie qui l'aurait mis dans l'impossibilité de comparaître sur la citation qu'il a reçue, il y a lieu de décerner un mandat de dépôt contre le témoin défaillant et l'officier de santé qui a délivré un faux certificat.

54. Mais il n'appartient pas à l'officier de police judiciaire d'en agir de la sorte. Il peut et doit seulement constater la fausseté de l'excuse alléguée, par un procès-verbal destiné à servir de base au mandat coercitif qui sera lancé par le rapporteur, et à l'amende que ce dernier a seul le droit de prononcer dans cette occurence.

55. A moins de défense contenue dans la commission rogatoire, l'officier de police délégué doit recevoir la déposition du témoin, comme s'il était réellement atteint de la maladie faussement alléguée et constatée.

56. L'article 74 du Code d'instruction criminelle ordonne aux témoins de représenter, avant d'être entendus, la citation qui leur a été

donnée pour déposer ; il en est fait mention dans le procès-verbal. D'après la jurisprudence de la Cour de cassation, les dispositions de cet article ne sont pas prescrites sous peine de nullité, et, ainsi que nous l'avons dit précédemment, des témoins peuvent régulièrement comparaître sur citation verbale.

SERMENT.

---

57. Les témoins prêteront serment *de dire toute la vérité, rien que la vérité;* le juge leur demandera leurs nom, prénoms, âge, état, profession, demeure, s'ils sont domestiques, parents ou alliés des parties, et à quel degré; il sera fait mention de la demande et des réponses des témoins. (*Art.* 75, *I. C.*)

58. L'officier de police judiciaire dit au témoin :

Levez la main droite. — *Vous jurez de dire toute la vérité, rien que la vérité?*

Le témoin ayant levé la main droite, répond :

Je le jure.

59. Cette formule est sacramentelle et ne peut être modifiée sans qu'il en résulte nullité du procès-verbal d'information, entachant, plus tard, la régularité des débats au cours desquels cet acte a pu être produit.

60. Aux termes de l'article 75 du Code d'instruction criminelle, applicable devant les juridictions militaires en vertu de l'article 102 du Code de justice militaire, les témoins entendus par commission rogatoire doivent prêter le serment de dire toute la vérité, rien que la vérité. (*Révision*, 30 *décembre* 1886.)

61. Une autre décision, rendue le 1er octobre 1880, rappelle que si le rapporteur peut, en vertu de l'article 104 du Code de justice militaire, ne pas entendre par lui-même les témoins dont les dépositions ont été recueillies par un officier de police judiciaire, cette faculté lui est interdite lorsque la procédure n'a pas revêtu les formes légales ; spécialement lorsque ces témoins n'ont pas

prêté serment de dire *toute la vérité, rien que la vérité.*

62. Enfin, une décision récente, du 19 décembre 1892, s'exprime ainsi : « Attendu qu'aux termes de l'article 75 du Code d'instruction criminelle, applicable devant les juridictions militaires aux termes de l'article 102 du Code de justice militaire, les témoins entendus par commission rogatoire doivent prêter le serment de *dire toute la vérité, rien que la vérité;* que d'après l'article 126 du Code de justice militaire, dans le cas où l'un des témoins ne se présente pas, le conseil peut passer outre aux débats et lecture est donnée de la déposition du témoin absent; attendu que la loi fait de la lecture des dépositions des témoins absents une prescription spéciale et impérative; que ces dépositions, étant considérées comme orales, doivent être revêtues de toutes les formalités légales et être reçues sous la foi du serment prescrit par l'article 75 susvisé. Attendu, en fait, qu'il résulte de l'examen du procès-verbal d'information, que N..., entendu comme témoin en

vertu d'une commission rogatoire, a prêté seulement le serment de dire la vérité, rien que la vérité, que le mot *toute* a été omis ; attendu que des considérants de droit et de fait qui précèdent il résulte que le mot *toute* a été omis dans la déposition du susdit témoin et que, dès lors, le serment n'a pas été prêté dans les termes sacramentels exigés par la loi. Annule. »

63. L'officier de police judiciaire ne peut entendre qu'à titre de renseignement et sans prestation de serment, le témoin qui a été condamné à une peine afflictive et infamante, ou celui qui a été dégradé civiquement, ou qui a été privé du droit de déposer en justice.

64. Ne pourront également être reçues qu'à titre de renseignement, les dépositions : du père, de la mère, de l'aïeul, de l'aïeule, ou de tout autre ascendant de l'un des prévenus ; du fils, de la fille, petit-fils, petite-fille, ou de tout autre descendant ; des frères et sœurs, des alliés au même degré, du mari et de la femme, même après divorce ; des dénonciateurs dont la dénon-

ciation est récompensée pécuniairement par la loi.

65. Les enfants de l'un et de l'autre sexe, au-dessous de l'âge de quinze ans, pourront être entendus, par forme de déclaration et sans prestation de serment. (*Art.* 79, *I. C.*)

66. La disposition de l'article 79 est purement facultative, en ce sens que les enfants âgés de moins de quinze ans peuvent être entendus avec ou sans prestation de serment, selon que le juge pense qu'il y a lieu de leur imposer une formalité qui n'est une garantie que lorsqu'ils en comprennent l'importance,

---

PROCÈS-VERBAUX D'INFORMATION.

67. Ainsi que le prescrit l'article 76 du Code d'instruction, les dépositions doivent être signées du juge, du greffier et du témoin, après que lecture lui en aura été faite et qu'il aura déclaré y persister; si le témoin ne veut ou ne peut signer, il en sera fait mention. Chaque page du cahier d'information sera signée par le juge et par le greffier.

68. Alors même que le témoin aurait déclaré ne rien savoir, il serait nécessaire de mentionner dans la déposition qu'il lui en a été donné lecture, qu'il a déclaré y persister et qu'il a signé.

69. Le procès-verbal d'information doit être signé au bas de chaque page par l'officier de

police judiciaire et le greffier, et, après la mention finale constatant la lecture, par l'officier de police, le greffier et le témoin; c'est cette triple signature qui garantit la valeur légale de la déposition.

70. Toutes les recommandations contenues dans l'article 76 sont très importantes, et le magistrat exécutant doit veiller à ce qu'elles soient suivies avec le plus grand soin. Par exemple, le défaut de signature au bas de la page constituerait une omission assez grave pour nécessiter le renvoi du procès-verbal, alors que la même omission à la fin de la déposition en entraînerait la nullité.

71. Les procès-verbaux qui ne sont pas revêtus de la signature de l'officier de police judiciaire doivent être réputés nuls et considérés comme non avenus. (*Révision*, 1er *octobre* 1880.)

72. Ainsi que l'enseigne Faustin Hélie, le juge doit demander au témoin s'il persiste dans

sa déclaration, c'est-à-dire, s'il n'a rien à ajouter ou à diminuer, si elle exprime clairement sa pensée, si c'est là tout ce qu'il a voulu dire et s'il le maintient. Cette interpellation est très importante en ce qu'elle met le témoin à même de déclarer s'il accepte la rédaction qui vient d'être faite de sa déposition.

INTERLIGNES. — RATURES. — RENVOIS.

---

73. Aucune interligne ne pourra être faite; les ratures et les renvois seront approuvés et signés par le juge, par le greffier et par le témoin. Les interlignes, ratures et renvois non approuvés seront réputés non avenus. (*Art.* 78, *I. C.*)

74. Lorsque le témoin demande à faire des changements, additions ou rectifications à sa déposition, ou lorsque ces opérations sont nécessitées par une cause quelconque, ces changements, additions ou rectifications ne peuvent être faits par interligne; il est nécessaire de faire des renvois à la marge ou à la suite de la déposition, et chaque renvoi doit être accompagné d'une approbation spéciale, signée par

l'instructeur, par le greffier et par le témoin, afin qu'il soit impossible d'y rien ajouter après coup.

75. Le défaut d'approbation n'a pas d'autre effet que de faire considérer les interlignes, ratures et renvois comme non avenus. Il n'en résulte aucune nullité lorsque les mots interlignés, raturés ou en renvoi sont de nulle importance et qu'ils n'altèrent point la substance des choses, ou la constatation de formalités substantielles ou prescrites à peine de nullité.

76. Ainsi, dit une décision du conseil de révision, rendue le 15 novembre 1876, le grattage ou la surcharge d'un mot est sans importance, lorsqu'il n'altère pas la constatation d'une formalité substantielle. Un interligne non approuvé, ajoute une autre décision du 29 juin 1891, doit être réputé non existant; mais il est de jurisprudence qu'une telle irrégularité ne saurait emporter nullité de l'acte, dans le corps duquel elle a été commise, qu'autant qu'elle aurait pour objet

de constater l'accomplissement d'une formalité substantielle ou prescrite à peine de nullité.

77. Sur l'étendue de l'irrégularité résultant des interlignes, ratures et renvois, il est instructif de consulter deux décisions rendues par le conseil de révision de Paris, les 30 décembre 1886 et 25 septembre 1884. La première de ces décisions s'exprime ainsi : L'article 78 du Code d'instruction criminelle édicte que les interlignes, ratures et renvois non approuvés sont réputés non avenus. — Attendu qu'il résulte d'un procès-verbal d'information, que le nommé N..., appelé comme témoin devant l'officier de police judiciaire délégué, a prêté le serment de dire la vérité, rien que la vérité ; que les mots *toute la vérité* sont placés en interligne et non approuvés et doivent être considérés comme nuls ; que dès lors le serment n'a pas été prêté dans les termes sacramentels exigés par la loi ; que la nullité du procès-verbal entraîne la nullité du jugement.

La deuxième décision est ainsi résumée : Les renvois non approuvés sont simplement réputés non avenus, aux termes de l'article 78 du Code d'instruction criminelle. La nullité n'est attachée qu'au cas où les renvois non approuvés sont relatifs à la constatation de formalités substantielles ou prescrites à peine de nullité.

78. Il convient de ranger parmi les formalités substantielles ou prescrites sous peine de nullité : la date, le mois et l'année de l'audition du témoin ; la qualité judiciaire de l'instructeur et du magistrat commettant ; la mention relative à la présence du greffier et sa prestation de serment ; le serment du témoin dans la forme légale ; la signature du procès-verbal par l'officier de police délégué, le témoin et le greffier.

79. Procès-verbal d'information établi en exécution d'une commission rogatoire.

(Art. 102 du Code militaire.)

RÉPUBLIQUE FRANÇAISE.

Cejourd'hui treize août *mil huit cent quatre-vingt*-quatorze ;

Nous, DURAND, brigadier, commandant la brigade de gendarmerie de Janville, *agissant en vertu de la commission rogatoire en date du* 10 août courant *à nous adressée par M.* (*nom*), *rapporteur près le* 2e *conseil de guerre du* gouvernement militaire de Paris (1), *chargé d'informer contre le nommé* RENAULT, Edouard, soldat au 25e régiment d'infanterie, *inculpé de* vols d'une montre et de deniers appartenant à des militaires,

Assisté du sieur FAUREY, gendarme, *désigné par nous pour remplir les fonctions de greffier, et duquel nous avons préalablement reçu le serment d'en bien et fidèlement remplir les fonctions,*

Avons fait comparaître devant nous, en vertu de notre cédule du 12 août *le nommé* Benoit, caporal au 25e régiment d'infanterie, *lequel, hors de la présence de tout autre témoin, après avoir représenté la citation à* lui *donnée, avoir entendu la lecture de la commission rogatoire relative au susnommé, et interrogé sur ses nom,*

---

(1) Ou, s'il y a lieu : M. le capitaine X..., officier de police judiciaire.

prénoms, âge, profession et demeure, s'il est domestique, parent ou allié de l'inculpé et à quel degré, a prêté le serment de dire toute la vérité, rien que la vérité, et a répondu :

Se nommer Benoit, Henri, âgé de vingt et un ans, cultivateur, actuellement caporal au 25e régiment d'infanterie, en garnison à Janville (Eure-et-Loir),

N'être ni domestique, ni parent, ni allié des parties.

Sur la 1re question — Je me suis aperçu du

——dernier——

vol le 12 juillet, vers huit heures du matin.

rey. Benoît. Durand.

Etant remonté dans ma chambre pour prendre mon porte-monnaie, que j'avais oublié en descendant au rassemblement, j'ouvris ma valise, sur laquelle j'avais laissé la clef, et je constatai la disparition du porte-monnaie, qui contenait une somme de onze francs et dix centimes, composée en : deux pièces de cinq francs en argent, une pièce de un franc et ~~dix centimes~~ deux petits sous.

Faurey. *Durand.*

Sur la 2e question. — Oui, mes soupçons se sont portés de suite sur le nommé Renault, qui était désigné par tous ses camarades comme ayant déjà commis plusieurs vols, pour lesquels il avait été surpris, en quelque sorte, en flagrant délit, mais dont les victimes n'avaient pas cru devoir le dénoncer.

Sur la 3e question. — Il n'est guère possible que Renault ait su que je possédais de l'argent, car je ne lui avais jamais montré mon porte-monnaie. Il devait ignorer également que je plaçais cet objet dans ma valise.

(D'après la réponse faite à la 2e question, l'instructeur devra poser une question en ce sens :)

D. — Dans une réponse précédente vous avez dit que Renault avait été pris, à plusieurs reprises, en flagrant délit de vol. Veuillez préciser et nous dire à quels vols et à quels volés vous faisiez allusion ?

Faurey. *Durand.*

R. — Autant que je puis me le rappeler, dans le courant du mois d'avril dernier, un nommé Lemaire, caporal au régiment, m'a raconté qu'un jour il avait surpris Renault fouillant dans son paquetage; mais, comme le temps avait manqué à ce dernier pour lui dérober quelque chose, il s'était contenté de le réprimander vertement.

Un autre jour, c'était je crois aux environs de Pâques, une montre disparut de la chambre dans laquelle couchait Renault, et les soupçons se portèrent sur lui. Le caporal Brunet lui adressa de vifs reproches en ma présence ; mais Renault niant, et aucune preuve matérielle n'étant en notre possession, l'affaire en resta là. Cependant sa culpabilité ne faisait aucun doute pour nous.

Lecture a été *faite de sa déposition, le comparant a dit qu'elle contient vérité, qu'*il *y persiste, et a signé avec nous et le greffier, les jour et an que dessus*, en approuvant deux mots rayés nuls.

Faurey. *Benoit.* *Durand.*

80. Le deuxième témoin désigné dans la commission rogatoire, est entendu sur un procès-verbal imprimé semblable à celui qui précède et dans les formes indiquées; les réponses peuvent être ainsi libellées :

Sur la 1re question. — Oui, le soldat Renault m'a fait présent d'une montre en argent, à cadran noir.

Sur la 2e question. — Renault m'a donné cette montre comme un gage de bonne amitié et sans me dire d'où il la tenait, ce que je ne lui ai point demandé, du reste. C'était vers le 15 juillet, je ne me souviens pas exactement de la date; mais ce don m'a été fait dans ma chambre, en présence d'une amie, la demoiselle DUPONT, Marie, qui habite toujours dans la maison que j'ai quittée, rue de Paris, n° 7.

Sur la 3e question. — Je reconnais parfaitement la montre que vous me représentez, comme

Faurey. *Durand.*

étant celle que m'a donnée Renault, et qui a été saisie hier à mon domicile. ~~Cependant je l'ai~~

Lecture a été *faite de sa déposition, la comparante a dit qu'elle contient vérité, qu'*elle *y persiste, et a signé avec nous et le greffier, les jour et an que dessus*, en approuvant quatre mots rayés nuls.

Faurey. *Moirand.* *Durand.*

81. La réponse à la deuxième question nécessitera la comparution et l'audition de la demoiselle Dupont, afin d'élucider complètement les faits. L'officier de police délégué devra donc assigner ce témoin et lui adresser les interrogations nécessaires, qui seront consignées, ainsi que les réponses, sur un procès-verbal régulier, en suivant les règles et formes indiquées pour les deux autres témoins.

82. Tout ce qui vient d'être dit relativement aux délégations et à l'exécution des commissions rogatoires, s'applique aux mêmes actes ordonnés

ou exécutés en campagne, et l'article 142 de l'instruction du 18 avril 1890, après avoir reconnu aux commissaires du gouvernement rapporteurs le droit de décerner des commissions rogatoires aux officiers, sous-officiers et chefs de brigade de la gendarmerie, en passant par l'intermédiaire de l'officier commandant la gendarmerie de la fraction, à l'effet d'entendre des témoins, de recueillir des renseignements et d'accomplir tous autres actes judiciaires, indique sommairement les règles qui doivent être suivies par les officiers de police délégués.

TAXE DES TÉMOINS

PAR L'OFFICIER DE POLICE JUDICIAIRE.

---

83. Conformément aux dispositions de l'article 82 du Code d'instruction criminelle, objet d'une référence de l'article 102 du Code de justice militaire, chaque témoin qui demande une indemnité sera taxé par le juge.

84. Une lettre ministérielle du 7 mai 1863 reconnaissait aux officiers, sous-officiers et commandants de brigade de la gendarmerie, le droit de délivrer directement des mandats de payement sur la caisse des receveurs de l'enregistrement, lorsqu'ils agissaient en vertu de commissions rogatoires, ou pour l'accomplissement des actes inhérents à leur qualité d'officier de police judiciaire.

85. Ce droit de taxe et d'ordonnancement leur a été confirmé en ces termes, par l'article 143 de l'instruction du 18 avril 1890 : L'officier de police judiciaire qui a instrumenté en vertu d'une commission rogatoire délivre immédiatement aux témoins, interprètes, experts, médecins, les mandats de payement sur le payeur particulier de la division, ou sur le payeur principal du quartier général dont il fait personnellement partie. Mais il doit préalablement inviter les ayants-droit à déclarer s'ils requièrent taxe.

86. En France et dans nos colonies, pendant l'état de paix, l'ordonnancement est fait dans les mêmes conditions, mais le mandat est tiré sur la caisse du receveur de l'enregistrement et du domaine, le plus voisin de la résidence du juge ordonnateur.

87. La taxe est allouée aux témoins d'après les fixations du décret du 13 novembre 1857 et de l'instruction du 24 janvier 1858, dont le texte est transcrit ci-après. Cette taxe est écrite par le

greffier, sous la dictée et la responsabilité de l'officier de police judiciaire.

88. *Décret du 13 novembre 1857.*

Art. 12. Les officiers de tous grades, les fonctionnaires et employés militaires et les sous-officiers et soldats en activité appelés en témoignage ne peuvent prétendre, à raison de leur déplacement, à aucune indemnité spéciale sur les fonds de la justice militaire ; ils continuent à recevoir le traitement d'activité attaché à leur position respective ; et, en cas de déplacement, l'indemnité de route, de transport et de séjour à laquelle cette position leur donne droit.

Les dispositions qui précèdent sont applicables aux employés de l'armée ou attachés à sa suite qui reçoivent de l'Etat un traitement d'activité.

Art. 13. Les officiers de tous grades, les fonctionnaires et employés militaires en disponibilité et en non-activité, cités comme témoins, jouissant d'un traitement, n'ont droit à aucune allocation spéciale sur les fonds de la justice militaire. Mais, en cas de déplacement, ils reçoivent l'indemnité de route, de transport et de séjour, suivant le cas.

Art. 14. Les personnes non militaires et les employés à l'armée ou attachés à sa suite. auxquels l'Etat ne paye directement aucun traitement d'activité, reçoivent, quand il sont appelés en témoignage, une indemnité qui est fixée par le rapporteur ou par le président du conseil de guerre, et qui ne peut être moindre d'un franc, ni au-dessus de deux francs cinquante centimes par jour, soit de séjour, soit de voyage.

Ces dispositions sont applicables aux sous-officiers et soldats en congé, sans solde, et aux hommes de la réserve appelés en témoignage devant les tribunaux militaires.

89. *Instruction du* 24 *janvier* 1858, *relative à l'exécution du décret du* 13 *novembre* 1857.

Art. 15. Les officiers de tous grades, les fonctionnaires et les employés militaires en activité, en disponibilité et en non-activité, les sous-officiers et soldats en activité et les employés à l'armée ou à sa suite, qui reçoivent de l'Etat un traitement ou une solde d'activité, seront payés, sur les fonds du service de marche, des indemnités de route, de transport et de séjour auxquelles leur position leur donne droit, toutes les fois qu'ils seront appelés en témoignage devant les tribunaux militaires.

Art. 16. Les dépenses mentionnées aux articles 14, 15, 16, 17 du décret du 13 novembre 1857, portant règlement des dépenses de la justice militaire, continueront à être acquittées par les receveurs de l'enregistrement et des domaines, à titre d'avance au département de la guerre.

Art. 17. Chaque témoin, expert écrivain, interprète ou médecin civil sera taxé par les soins du greffier, au verso de sa cédule de citation, dans un mandat qui sera signé par le président ou par le rapporteur du conseil de guerre.

Art. 18. Le mandat délivré au témoin indiquera son état ou sa profession et son domicile. Dans le cas où le témoin serait un sous-officier ou un soldat en congé sans solde, ou bien appartiendrait à la réserve, le mandat en ferait également mention.

Art. 19. Les témoins seront taxés à raison du nombre de leurs journées tant de voyage que de séjour, et ce nombre sera exactement exprimé dans le mandat.

Art. 20. La journée de marche des témoins (autres que ceux désignés aux articles 12 et 13 du décret du 13 novembre 1857) durant le voyage qu'ils seront obligés d'entreprendre, tant pour venir déposer que pour rentrer à leur domicile, sera décomptée à raison de 24 kilomètres.

Art. 21. Les présidents des conseils de guerre et les rapporteurs auront soin, avant de délivrer le mandat de payement de taxe d'un témoin, de l'inviter à déclarer s'il requiert la taxe ; il sera fait mention de cette déclaration dans le mandat.

90. La réduction des kilomètres en journées de route ne se fait pas isolément, d'abord sur les

kilomètres parcourus en allant, puis sur ceux du retour ; l'opération doit être effectuée sur le nombre total des kilomètres parcourus dans les deux sens. Ainsi, lorsque le domicile d'un témoin est éloigné de 31 kilomètres, il faut additionner les kilomètres de l'aller avec ceux du retour, et compter 62 kilomètres ou trois journées, toute fraction de 12 kilomètres et au-dessus étant décomptée pour une journée.

91. Lorsque le témoin est entendu et qu'il peut toucher le montant de sa taxe le jour indiqué sur l'assignation à comparaître, il n'a droit à aucune indemnité de séjour. Mais si l'audition du témoin s'est terminée après l'heure de la fermeture du bureau de l'enregistrement, comme il est obligé d'attendre au lendemain pour recevoir son indemnité, il peut lui être accordé une journée de séjour.

92. Le mandat de payement est inscrit au dos de la cédule que le témoin a apportée en venant déposer. Il doit indiquer la profession et le domicile du témoin. Le nombre des journées

de route et de séjour sera exactement exprimé. Le montant de l'allocation doit être consigné dans l'angle supérieur gauche du procès-verbal d'audition, et mention en est faite en fin dudit.

93. Mandat de payement.

Monsieur le receveur de l'enregistrement à (*plus voisin du lieu de l'audition*) est invité, et au besoin requis, de payer, sur la présentation de ce mandat, au sieur (*nom, profession, domicile*), la somme de DEUX FRANCS, qui lui a été allouée, sur sa demande, pour sa comparution en qualité de témoin.

Fait à Janville, le ....

L'officier de police judiciaire,

BON POUR 2 FR.

Le témoin sait signer.

Pour acquit.

Taxe de deux francs.

Le greffier,

94. Si la comparution du témoin a donné lieu à un déplacement de vingt-quatre kilomètres ou plus, aller et retour, une allocation spéciale lui sera allouée de ce chef, et le décompte en sera fait de la manière suivante, dans la marge du mandat de payement :

De Poinville à Janville, aller et retour, 44 kilomètres ou 2 journées de marche à 2 fr. 50........................ 5 00

1 journée de séjour à 2 francs....... 2 00

Total........ 7 00

95. Le mandat de payement se terminera alors par la mention exacte du nombre des journées de route et de séjour qui ont été taxées :

.... la somme de sept francs, qui lui a été allouée, sur sa demande, pour sa comparution en qualité de témoin *et* pour deux journées de route et une de séjour.

96. D'après l'article 97 du décret du 18 juin 1811, portant tarif des frais en matière crimi-

nelle, la taxe des indemnités de voyage et de séjour sera double pour les enfants mâles au dessous de l'âge de quinze ans et pour les filles au dessous de l'âge de vingt-et-un ans, lorsqu'ils seront appelés en témoignage, et qu'ils seront accompagnés, dans leur route et séjour, par leur père, mère, tuteur ou curateur, à la charge par ceux-ci de justifier de leur qualité.

SAISIE DE PIÈCES OU OBJETS.

---

97. Le rapporteur saisi de l'affaire peut également adresser des commissions rogatoires aux fonctionnaires ci-dessus mentionnés, lorsqu'il faut procéder, hors du lieu où se fait l'information, soit aux recherches prévues par l'article 86 du présent Code, soit à tout autre acte d'instruction. (*Art.* 102, *C. M.*)

98. Ainsi que l'énonce l'article 86 du Code de justice militaire sus-visé, les officiers de police judiciaire se saisissent des armes, effets, papiers et pièces tant à charge qu'à décharge, et, en général, de tout ce qui peut servir à la manifestation de la vérité, en se conformant aux articles 31, 33, 36, 37, 38, 39 et 65 du Code d'instruction criminelle.

99. La saisie, qui constitue un acte matériel et déterminé,— la main-mise sur un objet précis et désigné, — peut être confiée aux officiers de police judiciaire. A cet effet, le rapporteur adresse commission rogatoire à la gendarmerie.

100. Si l'officier de police délégué ne peut, sans excès de pouvoir, procéder à d'autres actes que ceux dont l'exécution lui est confiée, il est autorisé à faire tous les actes qui, quoique non expressément indiqués, rentrent évidemment dans la mission qu'il a reçue. Chargé de saisir une pièce, il peut contraindre les dépositaires publics à la lui remettre, exiger des pièces de comparaison s'il est nécessaire et faire procéder à une expertise. Appelé à opérer des recherches dans une maison désignée, il lui est permis de visiter les dépendances et de réitérer sa visite si besoin est.

101. Selon les dispositions des articles 35, 36, 37, 38, 39 et 89 du Code d'instruction criminelle, les objets dont la saisie peut être opérée sont :

1° Ceux qui ont été destinés à commettre le fait répréhensible ;

2° Ceux qui ont servi à commettre ce fait ;

3° Ceux qui sont le produit du crime ou du délit ;

4° Ceux qui sont susceptibles de servir à la manifestation de la vérité.

102. Ordonnance de saisie.

2e CONSEIL DE GUERRE DE PARIS (1).

Nous..., rapporteur près le 2e conseil de guerre du gouvernement militaire de Paris ;

Vu la procédure commencée contre le nommé

(1) Lorsque la commission provient d'un officier de troupe infornnant au corps, l'en-tête est ainsi modifié :

e RÉGIMENT D'INFANTERIE.

Nous..., capitaine au e régiment d'infanterie, officier de police judiciaire, par délégation de M. le colonel commandant le régiment.

Il y a lieu de suivre ensuite selon les indications de la formule.

Renault, Edouard, soldat au 25e régiment d'infanterie, inculpé de vols ;

Attendu qu'il importe d'informer et d'éviter des frais à l'Etat ;

Vu les articles 102 et 86 du Code de justice militaire, 35 du Code d'instruction criminelle ;

Prions et requérons au besoin M. le commandant de la brigade de gendarmerie de Janville, auquel nous adressons la présente ordonnance, de se transporter sans délai au domicile de la demoiselle Moirand, Blanche, rue de Paris, nº 7, à Janville, ainsi que partout où besoin sera, dans le but de rechercher et, le cas échéant, saisir une montre en argent, à cadran noir, sur lequel les heures sont indiquées en chiffres romains émaillés en blanc; cet objet portant à l'intérieur du boîtier le numéro 712-A;

Lequel objet, audit cas de saisie, placé sous scellés selon la loi, sera immédiatement transporté au greffe du susdit conseil de guerre, pour y demeurer sous la main de la justice jusqu'à ce qu'il en soit autrement ordonné;

Prions, en outre, de nous renvoyer la présente, avec le procès-verbal dressé en conséquence, ainsi que toutes pièces qu'il y aurait lieu de rédiger pour son exécution, conformément à la loi.

Fait à Paris, le......

Le rapporteur,

(*Timbre.*) (*Signature.*)

103. Cette commission rogatoire étant envoyée en même temps que la délégation prescrivant l'audition des témoins, une note explicative fera connaître que la saisie de la montre devra être opérée avant la comparution du témoin, auquel l'objet saisi en sa possession doit être représenté au cours de l'audition.

104. Procès-verbal de saisie.

e Légion.

Compagnie de...

Arrondissement de...

GENDARMERIE NATIONALE.

L'an mil huit cent quatre-vingt-quatorze, le..... , à..... heures ;

N° de { la brigade... / l'arrond....

PROCÈS-VERBAL
de saisie d'une montre.

AFFAIRE RENAULT,
soldat au 25e de ligne.

Nous soussigné (*nom, grade*), commandant la brigade de gendarmerie de Janville ;

Vu la commission rogatoire décernée par M..., rapporteur près le 2e conseil de guerre du gouvernement militaire de Paris (1), portant ordonnance à l'effet de rechercher et saisir une montre en argent, à cadran noir, minutieusement décrite dans ladite ;

Nous sommes rendu rue de Paris, au n° 7, à Janville, où nous avons appris par la dame Chapuis, propriétaire de l'immeuble, que la nommée Blanche MOIRAND, couturière, dénommée dans l'ordonnance précitée, n'habitait plus la maison depuis deux mois ; qu'elle était actuellement domiciliée boulevard des Tilleuls, n° 15, dans la même localité ;

Nous sommes rendu de suite à cette adresse, où nous avons effectivement trouvé la demoiselle Blanche MOIRAND, à laquelle nous avons fait connaître notre qualité et le motif de notre visite ;

---

(1) Ou, suivant le cas, M. X..., officier de police judiciaire.

Ladite demoiselle s'est empressée de nous remettre une montre répondant en tous points au signalement donné dans l'ordonnance susvisée, — que nous avons saisie.

De retour à notre caserne, nous avons placé sous scellés la montre par nous saisie.

Et avons clos le présent procès-verbal, qui sera transmis à M. le rapporteur avec la montre sous scellés et les pièces jointes ; le tout à telles fins que de droit.

A Janville, les jour, mois et an que dessus.

(*Signature.*)

105. Réquisition pour transport de pièces.

Nous (*nom*, *grade*), commandant la brigade de gendarmerie de Janville, officier de police judiciaire ;

Vu l'article 9 du décret du 18 juin 1811 ;

Requérons M. le chef de gare de Toury, — *ou* le directeur des messageries, *ou* l'entrepreneur des convois militaires, etc., — de faire transporter au greffe du 2e conseil de guerre de Paris, dans le plus bref délai, une caisse, ou un ballot ficelé du poids de..., marqué des lettres..., et contenant des effets et objets saisis dans l'affaire du nommé..., prévenu de ...

Le port sera payé comme frais urgents de justice criminelle, suivant la taxe qui en sera faite par M. le rapporteur, lors de la livraison.

A Janville, le......

(*Signature.*)

(*Timbre.*)

TAXE.

Nous..., rapporteur près le 2e conseil de guerre de Paris, avons taxé au susdit, sur sa réquisition, en vertu de l'article 9 du décret du 18 juin 1811, la somme de....., pour avoir transporté de Toury à Paris, les objets désignés dans la réquisition ci-dessus.

Et, attendu qu'il n'y a pas de partie civile en cause, ordonnons que ladite somme sera payée à titre d'avance au département de la guerre, par le receveur de l'enregistrement au bureau de Paris.

Ledit... a déclaré.. savoir signer.

A Paris, le......

(*Timbre.*) (*Signature.*)

PERQUISITIONS.

106. Le rapporteur est autorisé par l'article 102 du Code de justice militaire, à adresser des commissions rogatoires à l'effet de faire procéder à des recherches et perquisitions.

107. Les officiers de police judiciaire, parmi lesquels figurent les officiers, sous-officiers et commandants de brigade de gendarmerie, peuvent être délégués pour constater un fait quelconque, perquisitionner, visiter des lieux, etc. Le procès-verbal qu'ils sont tenus de dresser de leurs opérations, doit répondre très exactement aux éclaircissements réclamés par la commission rogatoire.

108. Ordonnance de perquisition.

2e CONSEIL DE GUERRE, SÉANT A PARIS (1).

Nous..., rapporteur près le 2e conseil de guerre du gouvernement militaire de Paris;

Vu la procédure instruite contre le nommé Renault, Edouard, soldat au 25e régiment d'infanterie, inculpé de vols ;

Attendu qu'il importe d'informer et d'éviter des frais à l'Etat;

Vu les articles 102 et 86 du Code de justice

---

(1) Lorsque l'ordonnance est envoyée par un officier de troupe chargé d'une instruction préliminaire au corps, l'en-tête est ainsi modifié :

e RÉGIMENT D'INFANTERIE.

Nous..., capitaine au e régiment d'infanterie, officier de police judiciaire par délégation de M. le colonel commandant le régiment.

Il convient de se conformer, pour la suite, aux indications de la formule.

militaire, et 36 du Code d'instruction criminelle;

Prions et requérons au besoin M. le commandant de la brigade de gendarmerie de Janville, auquel nous adressons la présente commission rogatoire, de se transporter sans délai, à l'effet de perquisitionner, au domicile de ...., à ...., ainsi que partout où besoin sera, dans le but de rechercher et, le cas échéant, saisir (*indiquer soigneusement les pièces à rechercher*).

Lesquelles pièces, ou objets, audit cas de saisie, seront placées sous scellés et transportées sans retard au greffe du susdit conseil de guerre, pour y demeurer sous main de justice, jusqu'à ce qu'il en soit autrement ordonné.

Prions de renvoyer la présente, accompagnée du procès-verbal qui en aura été la conséquence, ainsi que de toutes pièces qu'il y aurait lieu de rédiger pour son exécution et en se conformant à la loi.

Requérons tous dépositaires de la force publique, auxquels la présente ordonnance sera exhibée, de prêter main-forte pour son exécution.

Fait à Paris, le ....

Le rapporteur,

(*Timbre.*) (*Signature.*)

109. L'officier de police judiciaire commis à l'effet de procéder à une perquisition, doit suivre et observer les règles tracées par les articles 36 et suivants du Code d'instruction criminelle, qui sont visés dans l'article 86 du Code de justice militaire.

110. Le droit de pénétrer dans le domicile des citoyens ou d'opérer des visites domiciliaires, résulte des termes de l'article 36 du Code d'instruction criminelle. Les articles 37 et 38 sont relatifs à la saisie des pièces de conviction et à leur description.

111. D'après l'article 131 de la loi du 9 germinal an VI (18 août 1798), dont les prescriptions sont encore en vigueur : « La maison de

chaque citoyen étant un asile inviolable pendant la nuit, la gendarmerie nationale ne pourra y entrer que dans les cas d'incendie, d'inondation ou de réclamation venant de l'intérieur de la maison. Elle pourra, pendant le jour, dans les cas et les formes prévus par la loi, exécuter les ordres des autorités constituées. »

112. C'est une règle immuable de notre droit public que le domicile des citoyens est inviolable et sacré ; nul ne peut s'y introduire que dans les cas où la loi l'y autorise. Il est formellement interdit à l'officier de police judiciaire d'y pénétrer pendant la nuit, dont la durée est ainsi fixée par la jurisprudence : La nuit est tout l'intervalle de temps qui s'écoule entre le coucher et le lever du soleil ; et, quoique le jour soit apparent, il est encore nuit une demi-heure avant le lever de l'astre solaire. Il est nuit, d'après l'article 1037 du Code de procédure civile, depuis six heures du soir jusqu'à six heures du matin, du 1er octobre au 31 mars, et du 1er avril au 30 septembre, de neuf heures du soir à quatre heures du matin.

113. Il est permis d'entrer dans les auberges, cabarets, cafés et autres maisons ouvertes au public, pour y procéder à des recherches judiciaires, jusqu'à l'heure où ces établissements doivent être fermés, d'après les règlements de police.

114. S'il s'agit de lieux notoirement livrés à la débauche, ou bien de maisons où l'on donne habituellement à jouer des jeux de hasard, et il suffit qu'elles aient été signalées comme telles par deux citoyens domiciliés, il est permis aux officiers de police d'y pénétrer à toute heure de jour et de nuit.

115. Il n'y aurait pas violation de domicile, alors même que l'on serait entré pendant la nuit dans une maison particulière, pour y accomplir un acte judiciaire quelconque, si l'introduction a eu lieu avec le consentement de la personne visitée. La jurisprudence admet également que la défense d'entrer la nuit ne s'applique qu'au fait même de l'introduction ; il est donc permis d'en conclure que si la perquisition

a commencé le jour, elle peut régulièrement être continuée pendant la nuit.

116. L'article 91 du Code de justice militaire interdit, en outre, aux officiers de police judiciaire militaire, de s'introduire dans une maison particulière, si ce n'est avec l'assistance, soit du juge de paix, soit de son suppléant, soit du maire, soit de son adjoint, soit du commissaire de police.

117. L'officier de police judiciaire qui procède à une perquisition doit toujours être accompagné du commissaire de police du canton, ou du maire, ou de l'adjoint au maire, ou bien encore du juge de paix ou de son suppléant ; enfin, en cas de leur absence, de deux habitants domiciliés dans la même commune. Il pourrait néanmoins dresser procès-verbal sans l'assistance de témoins, s'il n'a pas eu la possibilité de s'en procurer ; le procès-verbal fait alors mention de cet empêchement.

118. En temps de paix, il n'est dérogé en rien aux règles communes qui protègent l'in-

violabilité du domicile des citoyens et des établissements publics dirigés par des personnes civiles. L'autorité militaire ne peut y pénétrer pour constater un délit, ou opérer une perquisition, qu'avec l'assistance de l'autorité civile : juge de paix, maire ou commissaire de police (n° 122), qui est toujours tenue de déférer à ses réquisitions. L'autorité civile, toute protectrice, assiste dans ce cas l'officier de police judiciaire, comme pour défendre et garantir les citoyens contre les abus d'autorité et de pouvoir qu'ils pourraient craindre, et pour attester l'identité et l'autorité de cet officier.

119. L'article 153 du Code de justice militaire contient une première dérogation à la règle commune, lorsque la procédure est suivie aux armées et dans les circonscriptions territoriales en état de guerre, en permettant à l'officier de police judiciaire de pénétrer dans un établissement civil ou dans une habitation particulière sans l'assistance de l'autorité civile, s'il n'y en a pas sur les lieux, sous l'obligation seulement d'en faire mention dans son procès-verbal.

120. Si la loi n'a pu supposer qu'en temps de paix, à l'intérieur de la France, il ne se trouverait aucune autorité civile présente sur les lieux, c'est-à-dire dans la commune, le bourg dont dépend l'habitation ou l'établissement dans lequel il y a lieu de pénétrer, elle était en droit de le faire lorsque l'armée agit à l'extérieur, ou même à l'intérieur en temps de guerre. Dans ce dernier cas il se peut que les fonctionnaires civils aient été obligés de s'éloigner, ou qu'ils aient été révoqués ou suspendus; aussi a-t-elle permis de passer outre en leur absence.

121. Une seconde et dernière dérogation a été apportée à cette même règle commune par la loi du 11 août 1849, sur l'état de siége, qui accorde à l'autorité militaire le droit de faire des perquisitions, *de jour et de nuit*, dans le domicile des citoyens, sans avoir besoin de l'intervention des autorités civiles.

122. Réquisition
à une autorité locale.

Nous (*nom, grade*), commandant la brigade de gendarmerie de Janville, poursuivant l'exécution d'une commission rogatoire, à nous décernée par le rapporteur du 2e conseil de guerre de Paris (1), à fin de perquisition ;

Vu les articles 86, 91 et 102 du Code de justice militaire ;

Requérons qu'il plaise à M. le maire (*ou autre autorité locale*) nous accompagner dans le domicile de ...., afin d'y procéder à toutes opérations utiles.

Fait à Janville, le ....

(*Signature.*)

123. L'article 89 du Code de justice militaire prescrit, lorsqu'il s'agit de constater un crime ou un délit de la compétence des tribunaux mili-

---

(1) Ou : M. le capitaine X..., officier de police judiciaire.

taires ou de faire arrêter un de ses justiciables, dans un établissement civil, d'adresser à l'autorité civile ou judiciaire, compétente des réquisitions tendant, soit à obtenir l'entrée de cet établissement, soit à assurer l'arrestation de l'inculpé.

L'autorité judiciaire ordinaire est tenue de déférer à ces réquisitions et, dans le cas de conflit, de s'assurer de la personne de l'inculpé.

Lorsqu'il s'agit d'un établissement maritime, la réquisition est adressée à l'autorité maritime, qui est également tenue d'y faire droit.

124. La réquisition est adressée à l'autorité dont dépend l'établissement dans lequel l'officier de police judiciaire a besoin de pénétrer. S'il s'agit d'établissements civils, elle doit être adressée au préfet, au sous-préfet, au procureur de la République, ou au maire de la localité ; s'il s'agit d'établissements militaires, la réquisition devra être adressée à l'officier général, supérieur ou autre, commandant sur les lieux. L'autorité dont dépend l'établissement ne peut pas se re-

fuser à ce que l'action de la justice ait son cours.

125. L'officier de police judiciaire devra se faire accompagner, pendant l'accomplissement de son mandat, par le chef de l'établissement, afin de prouver, par la présence de ce dernier, la légalité de sa mission. Le chef de l'établissement devra, en outre, signer les procès-verbaux dressés en sa présence, conformément à l'article 92.

126. Réquisition

pour pénétrer dans un établissement civil.

Nous (*nom, grade*), commandant la brigade de gendarmerie de Janville, agissant en vertu d'une commission rogatoire à nous décernée par M. le rapporteur du 2e conseil de guerre du gouvernement militaire de Paris (1), à l'effet de (*indiquer l'opération prescrite*) ;

---

(1) Ou, selon le cas : M. le capitaine X..., officier de police judiciaire.

Vu les articles 99 et 102 du Code de justice militaire ;

Prions et requérons au besoin M. le préfet (*ou autre autorité*) de nous autoriser à pénétrer dans *tel* établissement, accompagné du sieur . . ., qui nous assiste en qualité de greffier, afin de procéder aux opérations judiciaires qui font l'objet de la commission sus-visée.

Fait à Janville, le. ..

(*Signature.*)

127. L'officier de police délégué doit décrire soigneusement, s'il y a lieu, tous les objets saisis, ainsi que les choses qui peuvent les contenir, et en constater la nature, la quantité, l'état, le lieu où ils ont été appréhendés. Lorsque la perquisition est faite en l'absence du prévenu ou de son fondé de pouvoir, le magistrat doit être assisté d'un greffier.

128. Les procès-verbaux sont la représentation des faits ; toutes les opérations auxquelles s'est livré l'officier de police judiciaire doivent y

être exactement consignées. Le premier mérite de la rédaction d'un procès-verbal, c'est la clarté, la précision et la concision. Ces actes doivent toujours mentionner la date, le jour et l'heure de l'opération, la voie par laqnelle l'officier de police a été mis en mouvement, les investigations, enfin, les résultats obtenus.

129. Procès-verbal de perquisition.

L'an mil huit cent....., le......, à... heures du matin ;

Nous (*nom, grade*), commandant la brigade de gendarmerie de Janville, agissant en vertu d'une commission rogatoire à nous décernée par M. le rapporteur du 2e conseil de guerre de Paris (1), à l'effet d'opérer des perquisitions au domicile de..., dans le but d'y rechercher et saisir, le cas échéant,.....

Assisté du sieur (*nom âge*), gendarme à

(1) Ou, s'il y a lieu : M. le capitaine X..., officier de police judiciaire.

ladite brigade, désigné par nous comme greffier et de qui nous avons reçu préalablement le serment d'en bien et fidèlement remplir les fonctions.

Et, conformément à l'article 91 du Code de justice militaire, de M .., juge de paix, — *ou* suppléant du juge de paix, — etc. ;

Nous sommes transporté à..., où étant arrivé nous sommes livré à une recherche minutieuse (*mentionner le résultat de la perquisition*), et avons mis sous scellés (*désigner les objets saisis*), lesquels seront transmis au parquet du 2e conseil de guerre, séant à Paris.

Et de ce que dessus nous avons dressé le présent procès-verbal, que nous avons signé avec le greffier et les personnes présentes.

(*Signatures.*)

130. Procès-verbal de constat.

La formule est la même que pour le procès-verbal de perquisition, en ayant soin d'y apporter les quelques modifications nécessitées par la différence de l'opération que l'acte a pour but de constater.

131. Le droit de procéder à des perquisitions emporte nécessairement celui de faire et d'ordonner tout ce qui est propre à en donner le moyen, comme de faire ouvrir de force la maison, les appartements, les meubles. Dans le cas où la présence d'ouvriers spéciaux est nécessaire pour permettre à l'officier de police d'accomplir sa mission, il est en droit de leur adresser un réquisitoire.

132. Réquisitoire

à un ouvrier pour effectuer un travail quelconque.

Nous (*nom, grade*), commandant la brigade de gendarmerie de Janville ;

Agissant en vertu d'une commission rogatoire décernée par M. le rapporteur du 2e conseil de guerre de Paris [1], comme officier de police judiciaire ;

Vu l'article 133 du décret du 18 juin 1811 ;

Requérons le sieur (*nom*, *profession*, *demeure*) de se transporter de suite auprès de nous, à la caserne de gendarmerie, avec les outils de sa profession, à l'effet de (*détailler l'opération à laquelle sera employé l'ouvrier*).

Fait à Janville, le......

(*Signature.*)

133. Réquisitoire

à un ouvrier pour ouvrir des portes ou des meubles.

Nous (*nom, grade*), commandant la brigade de gendarmerie de Janville, procédant par délégation de M. le rapporteur du 2e conseil de guerre de Paris ;

---

(1) Ou, suivant le cas : M. le capitaine X..., officier de police judiciaire délégué.

Vu l'article 133 du décret du 18 juin 1811 ;

Requérons le sieur (*nom, profession*), demeurant à Janville, Grande-Rue, n° **12**, de se transporter de suite auprès de nous (*rue, numéro*) muni des instruments nécessaires pour ouvrir les portes, meubles, etc., qui lui seront indiqués par nous.

Fait à Janville, le.....

(*Signature*.)

INTERPRÈTES A L'INSTRUCTION ÉCRITE.

---

134. L'article 332 du Code d'instruction criminelle exige la nomination d'un interprète pour assister les témoins qui ne parlent pas la langue française. Ses dispositions sont entièrement applicables aux dépositions reçues par les officiers, sous-officiers et commandants de brigade de la gendarmerie, commis à l'exécution des commissions rogatoires.

135. Lorsque l'officier de police judiciaire reconnaît la nécessité de désigner un interprète, il doit le constater sur le procès-verbal, immédiatement après la partie imprimée du procès-verbal d'audition :

« Le témoin ne parlant ni ne comprenant la langue française, nous lui avons nommé d'office pour interprète de langue et en conformité de l'article 332 du Code d'instruction criminelle, auquel se réfère l'article 128 du Code de justice militaire, le nommé (*nom*, *prénoms*, *âge*, *demeure*), lequel a prêté le serment de traduire fidèlement les discours à transmettre entre nous et le témoin ; le témoin ayant, par l'organe de son interprète, prêté serment de dire toute la vérité, rien que la vérité, a répondu, par le même moyen, se nommer :

. . . .

N'être ni parent, ni allié, ni domestique des parties.

A déposé : ».

136. A la suite de la mention finale, constatant la lecture, il y a lieu d'ajouter : « le tout par l'organe de l'interprète, qui a également apposé sa signature. »

137. D'après la jurisprudence établie par la Cour de cassation, le juge et, par conséquent,

l'officier de police judiciaire agissant en vertu de sa délégation, peuvent se dispenser d'appeler un interprète, lorsque le témoin s'énonce dans un idiome étranger, mais familier au magistrat. Il a été également reconnu et décidé que le greffier qui tient la plume peut servir d'interprète, sous la condition expresse qu'il prête le serment prescrit par l'article 332 du Code d'instruction criminelle. Cependant, nous pensons qu'il est préférable que l'officier de police délégué s'abstienne d'employer ces moyens et nomme un interprète lorsqu'il en est besoin.

138. De même que pour l'interprétation à l'audience, deux conditions essentielles sont à exiger des interprètes employés pendant l'instruction écrite, et alors qu'ils sont pris en dehors des témoins : l'âge et le serment. Quant au surplus, il est indifférent que l'interprète soit Français et jouisse de ses droits civils. Un étranger non naturalisé peut être investi de ces fonctions, de même qu'elles peuvent être confiées à une femme. Mais il y aurait nullité de l'acte, si le procès-verbal n'énonçait pas explicitement que

l'interprète a prêté le serment et qu'il est âgé de vingt et un ans au moins.

139. Dans plusieurs arrêts, la Cour de cassation a formellement déclaré que, même à l'information, un témoin ne peut jamais être désigné comme interprète de langue; et que celui qui a interprété dans une affaire ne peut valablement être entendu en qualité de témoin, alors même que l'audition serait demandée à titre de simple renseignement et sans prestation de serment.

140. Il ne doit pas être permis à l'interprète d'employer la forme explicative pour rendre les réponses ou déclarations des témoins, par exemple de s'exprimer ainsi : *Le témoin affirme telle chose*. L'instructeur lui prescrira de se servir de la forme narrative, en se substituant pour ainsi dire au comparant : *J'affirme telle chose*. L'interprète se trouvera ainsi dans l'obligation de serrer sa traduction, qui deviendra plus littérale, et il sera moins enclin à ajouter, parfois à son insu,

ses propres impressions aux déclarations du témoin qu'il assistera.

141. Lorsque le témoin est sourd-muet et ne sait pas écrire, l'article 333 du Code d'instruction criminelle permet de lui nommer comme interprète, la personne qui a le plus l'habitude de converser avec lui. C'est là une exception formelle apportée aux dispositions de l'article 332. Il n'est pas nécessaire que la personne qui a le plus l'habitude de converser avec le sourd-muet, et pour cette raison lui sert d'interprète, soit âgée de vingt et un ans. Elle peut aussi être prise parmi les témoins appelés dans l'affaire.

142. Mention à porter sur le procès-verbal d'audition, après la partie imprimée :

« Le témoin N... étant sourd-muet et ne sachant pas écrire a été entendu par l'organe du sieur (*nom*, *prénoms*, *qualité*), qui a le plus l'habitude de converser avec lui et que nous avons nommé d'office pour lui servir d'interprète ; ledit sieur... ayant, au préalable, prêté entre nos mains le serment de traduire fidèlement les discours à transmettre entre nous et le témoin ; conformément aux dispositions des articles 332 et 333 du Code d'instruction criminelle, visés par l'article 128 du Code de justice militaire.

Le serment indiqué plus haut a été prêté par le témoin, par l'organe dudit interprète et, à l'aide du même moyen, il a répondu :

Se nommer. . . . .

Et a déposé : »

143. Si le sourd-muet sait écrire, est-il dit dans le même article 333, le greffier écrit les questions et observations qui sont faites ; elles sont remises au témoin, qui donne par écrit ses réponses ou déclarations.

144. Mention à porter sur le procès-verbal, après la partie imprimée :

« Le témoin N... étant sourd-muet, mais sachant écrire, a tracé lui-même les réponses aux formalités indiquées ci-dessus, après quoi il a déposé ainsi qu'il suit, dans les formes prescrites par l'article 333 du Code d'instruction criminelle, auquel se réfère l'article 128 du Code de justice militaire ; les demandes et observations ayant été écrites par le greffier et les réponses ou déclarations écrites de la main du témoin. »

Taxe.

145. Les interprètes employés par les officiers de police judiciaire ont droit à une allocation déterminée par le décret du 13 novembre 1857, et que l'article 15 a fixée à *six francs* par séance entière de jour et *neuf francs* par séance entière de nuit. L'interprète est taxé par les soins du greffier au verso de sa cédule de citation, dans un mandat signé de l'instructeur. Ce mandat doit indiquer le domicile de l'interprète, ainsi que le nombre des séances, tant de jour que de nuit, qui doit lui être payé.

146. L'interprète est cité sur cédule taxée, d'après la formule suivante :

147. GENDARMERIE NATIONALE.

Art. 102, 183 du Code militaire.

Nous (*nom, grade*), commandant la brigade de gendarmerie de Janville, officier de police judiciaire, délégué à l'exécution d'une commission rogatoire.

Invitons le sieur (*nom, qualité, domicile*), à comparaître devant nous, à la caserne de gendarmerie, le ...., à .. heures, pour servir d'interprète de langue au nommé ...., appelé comme témoin dans l'affaire du nommé Renault.

Donné à Janville, le ....

L'officier de police judiciaire,

(*Signature.*)

148. Signification.

L'an mil huit cent ..., le ...., à la requête de M. le commandant de la brigade de gendarmerie de Janville, nous (*nom*), gendarme soussigné, avons signifié la cédule ci-dessus au nommé . . . . en son domicile à Janville, parlant à sa personne, ainsi déclaré; et, à ce qu'il n'en ignore, nous lui avons laissé la présente copie.

Dont acte à Janville, les jour, mois et an que dessus.

149. Mandat de payement.

(*Au dos de la cédule.*)

Monsieur le receveur de l'enregistrement à Janville est invité, au besoin requis, de payer, sur la présentation de ce mandat, au sieur (*nom, qualité, domicile*), la somme de *six francs* qui lui a été allouée pour sa comparution en qualité d'interprète et pour une vacation.

Fait à Janville, le . . . .

L'officier de police judiciaire,

BON POUR 6 FRANCS.

L'interprète sait signer.

Pour acquit.

Taxe de six francs.

Le greffier,

150. D'après une circulaire ministérielle du 11 mai 1858, les militaires désignés pour remplir l'office d'interprète ou de traducteur ont droit à la taxe, parce qu'il s'agit d'une tâche entièrement étrangère aux devoirs de leur état.

EXPERTS A L'INSTRUCTION ÉCRITE.

---

151. Les officiers, sous-officiers et commandants de brigade de gendarmerie peuvent se trouver dans la nécessité de faire procéder à une expertise, soit sur réquisition d'un magistrat, soit en conséquence d'une commission rogatoire. Ils doivent alors rendre une ordonnance de nomination indiquant la nature des opérations auxquelles il y a lieu de procéder, et donnant la série des questions litigieuses. Elle peut être ainsi formulée :

152. Ordonnance de commise d'expert.

Nous (*nom, grade*), commandant la brigade de gendarmerie de Janville, et sur réquisition —

ou commission rogatoire de M. le rapporteur près le 2e conseil de guerre de Paris (1);

Vu la procédure en instruction suivie contre le nommé Renault, soldat au 25e de ligne;

Commettons M. (*nom, qualité, demeure*), à l'effet de procéder à l'examen de ...... et nous faire connaître dans un rapport écrit, les résultats de son examen sur les points suivants :

1°

2°

Fait à Janville, le ....

(*Signature.*)

153. L'expert est cité sur réquisitoire de l'officier de police judiciaire, modèle ci-après. L'ordonnancement de la somme allouée à titre d'honoraires, est porté au dos de ladite pièce, lorsque l'expert a terminé ses opérations. (***Modèle sous le n° 176.***) Le payement est effectué sur mandat direct de l'officier de police délégué.

(1) Ou, suivant le cas : M. le capitaine X..., officier de police judiciaire.

154. Réquisitoire aux experts.

Nous (*nom, grade*), commandant la brigade de gendarmerie de Janville, agissant en vertu d'une réquisition — *ou* commission rogatoire émanée de M. le rapporteur du 2ᵉ conseil de guerre de Paris (1) ;

Vu l'article 43 — ou 44 — du Code d'instruction criminelle;

Réquérons M. (*nom, profession, demeure*), de se transporter auprès de nous, à la caserne de gendarmerie, le ...., à .. heures, pour nous assister, après serment prêté, dans la constatation de (*indiquer sommairement*).

Fait à Janville, le ....

(*Signature.*)

155. Signification.

L'an mil huit cent ...., le ...., à la requête

(1) Ou : M. le capitaine X..., officier de police judiciaire.

de M. le commandant de la brigade de gendarmerie de Janville, nous (*nom*), gendarme soussigné, avons signifié le réquisitoire ci-dessus au sieur. . . . .
en son domicile à Janville, parlant à sa personne, ainsi déclaré; et, à ce qu'il n'en ignore, lui avons laissé la présente copie,

Dont acte à Janville, les jours, mois et an que dessus.

(*Signature.*)

156. Original de signification.

(*A remettre à l'officier de police judiciaire.*)

GENDARMERIE NATIONALE.

L'an mil huit cent . . . ., le . . . ., à la requête de M. le commandant de la brigade de gendarmerie de Janville, nous (*nom*), gendarme soussigné, avons signifié à M. (*nom*, *profession*), en son domicile, à Janville, parlant à sa personne, ainsi déclaré, le réquisitoire en date du . . . ., à lui décerné par le commandant de la brigade, à l'effet de comparaître à la caserne de gendarmerie, le ...., et à ce que le susnommé n'en ignore; lui avons laissé le susdit réquisitoire.

Dont acte à Janville, les jours, mois et an que dessus.

(*Signature.*)

157. L'instructeur, assisté du greffier, donne lecture de son ordonnance à l'expert, lui communique les pièces de la procédure dont la connaissance peut faciliter l'accomplissement de sa mission, lui remet les pièces de comparaison, s'il y a lieu, et lui fait prêter le serment légal. Le rapport d'un expert n'aurait aucun caractère d'authenticité et ne saurait être considéré que comme pièce de renseignement, s'il était rédigé sans que le serment ait été prêté préalablement, dans les termes mêmes de l'article 44 du Code d'instruction criminelle. L'accomplissement de ces diverses formalités doit être constaté par un procès-verbal signé du magistrat délégué, de l'expert et du greffier; le tout rédigé au pied de l'ordonnance de nomination.

158. Prestation de serment d'expert.

L'an mil huit cent....., le..... ;

Par devant nous (*nom, grade*), commandant la brigade de gendarmerie de Janville, dûment requis comme officier de police judiciaire ;

Assisté du sieur (*nom, grade, âge*), désigné par nous en qualité de greffier, et auquel nous avons fait prêter le serment d'en bien et fidèlement remplir les fonctions ;

A comparu M. (*nom, qualité, âge, demeure*), expert commis par notre ordonnance ci-dessus, datée du....., dans l'affaire du nommé Renault ;

Lequel expert, après avoir pris connaissance de la susdite ordonnance, déclare accepter la mission qui lui est confiée, et prête entre nos mains le serment de faire son rapport et de donner son avis en son honneur et conscience.

En foi de quoi, il a signé avec nous et le greffier, après lecture.

(*Signatures.*)

159. Un étranger non naturalisé peut être choisi comme expert. Un témoin entendu peut procéder à une expertise dans la même affaire, et réciproquement ; mais il doit alors prêter un double serment, et comme témoin et comme expert. Une femme peut également être désignée comme expert.

160. Dépôt de rapport d'expert.

L'an mil huit cent....., le..... ;

Par devant nous (*nom, grade*), commandant la brigade de gendarmerie de Janville, dûment requis comme officier de police judiciaire ;

Assisté du sieur (*nom, grade, âge*), désigné par nous comme greffier, et auquel nous avons, au préalable, fait prêter le serment d'en bien et fidèlement remplir les fonctions ;

A comparu M. (*nom, profession*), expert nommé par notre ordonnance ci-dessus, datée du....., dans l'affaire du nommé Renault ;

Lequel dépose entre nos mains son rapport,

après l'avoir affirmé sincère et véritable, requérant taxe de dix-huit francs, pour trois vacations, par lui employées aux opérations prescrites par ladite ordonnance, somme que nous lui avons allouée.

En foi de quoi, il a signé avec nous et le greffier, après lecture.

(*Signatures.*)

161. L'officier de police judiciaire peut avoir recours : 1° à des médecins et pharmaciens ; 2° à des experts écrivains ; 3° à des ouvriers, artisans et gens de peine ; 4° à des géomètres et architectes ; 5° à des sages-femmes, qui sont, en leur qualité d'experts, assujetties au serment dans la même forme que les autres ; 6° à des notaires ; 7° à des interprètes pour la traduction d'écrits rédigés en langue étrangère.

162. Un expert peut être commis à l'effet d'examiner une arme, un objet quelconque, une effraction, etc., afin d'émettre un avis sur certains faits que l'exercice de sa profession lui

permet d'apprécier mieux que toute autre personne. L'artisan, l'ouvrier, l'homme de peine sont nécessairement tenus de prêter le serment exigé des experts, avant de faire leur rapport écrit ou verbal.

163. Après avoir, dans une instruction du 30 septembre 1826, recommandé aux magistrats et officiers de police judiciaire d'apporter le plus grand soin dans le choix des gens de l'art dont ils peuvent se faire assister, en vertu de l'article 44 du Code d'instruction criminelle, pour constater le corps du délit, le garde des sceaux émet cet avis, qu'il n'est pas inutile de faire connaître, ne serait-ce que dans le but de détruire cette croyance erronée, d'après laquelle il serait nécessaire, dans tous les cas, de commettre simultanément deux experts : « En principe un seul expert doit être commis. Les affaires qui, présentant des difficultés particulières d'examen, nécessitent la désignation de plusieurs médecins ou experts sont relativement rares. Il y a là une question de mesure dont il convient de laisser l'appréciation, pour chaque affaire, au tact des

magistrats, qui sauront concilier les intérêts de la justice avec ceux du Trésor. » (*C. minist. j.* 23 *février* 1887.)

164. L'expert peut être dispensé de rédiger un rapport, car il est loisible au magistrat de recueillir le résultat de l'expertise sur un procès-verbal d'audition. Ce mode de procéder doit surtout être suivi lorsque l'expertise est confiée à un artisan ou à un manouvrier.

165. Déposition d'expert.

(Art. 44 du Code d'instruction criminelle.)

Cejourd'hui..... mil huit cent....., à... heures du... ;

Nous (*nom, grade*), commandant la brigade de gendarmerie de Janville, agissant comme officier de police judiciaire, en vertu d'une commission rogatoire en date du....., à nous adressée par M. le rapporteur du 2e conseil de guerre de

Paris [1], chargé d'informer contre un nommé..., inculpé de... ;

Assisté du sieur (*nom*, *grade*, *âge*), désigné par nous pour remplir les fonctions de greffier, et duquel nous avons préalablement reçu le serment d'en bien et fidèlement remplir les fonctions.

A comparu, en vertu de notre réquisitoire en date du ...., l'expert ci-après nommé, lequel, après avoir prêté le serment prescrit par l'article 44 du Code d'instruction criminelle, dûment constaté dans le procès-verbal ci-annexé, a été interrogé par nous sur ses nom, prénoms, âge, profession et demeure, s'il est domestique, parent ou allié des parties.

A répondu se nommer (*nom*, *prénoms*, *âge*, *profession*, *demeure*).

N'être ni domestique, ni parent, ni allié des parties.

A fait verbalement le rapport suivant :

. . . .

---

(1) Ou : M. le capitaine X..., officier de police judiciaire.

Lecture faite à l'expert, il a déclaré son rapport verbal fidèlement transcrit, l'a affirmé sincère et véritable, fait en son honneur et conscience, et a signé avec nous et le greffier.

(*Signatures.*)

166. Tout ce qui a été dit précédemment des experts en général s'applique aux traducteurs, auxquels l'officier de police judiciaire peut être dans l'obligation d'avoir recours, pour la traduction de lettres, notes ou pièces généralement quelconques écrites dans une langue étrangère. La traduction peut être dictée sur le procès-verbal même, s'il n'est préférable que le traducteur l'écrive à part et la dépose entre les mains du magistrat, certifiée véritable et conforme à l'original; puis datée et signée par l'officier de police délégué, le traducteur et le greffier.

167. Lorsqu'un interprète est employé comme traducteur, c'est-à-dire lorsqu'il est chargé de faire passer un texte écrit d'une langue dans une autre, il doit prêter le serment exigé des ex-

perts, par l'article 44 du Code d'instruction criminelle

168. Ordonnance

nommant un traducteur.

Nous (*nom*, *grade*), commandant la brigade de gendarmerie de Janville, poursuivant l'exécution d'une commission rogatoire, à nous décernée par M. le rapporteur du 2e conseil de guerre de Paris(1) ;

Vu la procédure suivie contre le nommé ...., inculpé de ... ;

Commettons M. (*nom*, *âge*, *qualité*, *demeure*) à l'effet de nous faire connaître dans une traduction écrite, le contenu de la pièce signée *ne varietur*, portant : *pièce de question*, écrite en langue étrangère.

Fait à Janville, le ....

(*Signature.*)

---

(1) Ou : M. le capitaine X..., officier de police judiciaire.

169. Prestation de serment d'un traducteur.

(Même formule que celle donnée sous le n° 158.)

170. Dépôt de la pièce traduite.

L'an mil huit cent ...., le .... ;

Par devant nous (*nom, grade*), commandant la brigade de gendarmerie de Janville, dûment requis comme officier de police judiciaire ;

Assisté du sieur (*nom, grade, âge*), désigné par nous comme greffier et auquel nous avons, au préalable, fait prêter le serment d'en bien et fidèlement remplir les fonctions ;

A comparu M. (*nom, qualité, demeure*), traducteur nommé par notre ordonnance ci-dessus, en date du ...., dans l'affaire du nommé .... ;

Lequel dépose entre nos mains la traduction écrite dont il a été chargé et, après l'avoir affirmée véritable et conforme à l'original, r requis taxe de douze francs, pour deux vacations employées aux opérations prescrites, somme que nous lui avons allouée.

En foi de quoi, il a signé avec nous et le greffier, après lecture.

(*Signatures.*)

171. L'officier de police judiciaire, le traducteur et le greffier apposeront également leurs signatures au bas de la traduction, sous la mention suivante, qui y sera inscrite :

« Affirmée véritable et conforme à l'original. »

(*Signatures.*)

TAXE.

—

172. Les émoluments alloués aux experts sont calculés sur le temps qu'ils ont réellement employé, soit à l'opération même qui leur est confiée, soit à la rédaction de leur procès-verbal. Ce temps est divisé en vacations de jour ou de nuit. Chaque vacation est de trois heures, et il ne peut être accordé, par journée, que deux vacations de jour et une de nuit.

173. Les articles 16 et 17 du décret du 13 novembre 1857, fixant les dépenses du service de la justice militaire, ont tarifé à six francs le prix de la vacation, qu'elle soit de jour ou de nuit, alloué aux experts écrivains, officiers de santé et médecins civils dont le ministère est requis en justice.

174. Un bordereau des sommes accordées aux experts et médecins est joint aux pièces de l'information, et le montant de la taxe est men-

tionné sur le procès-verbal de dépôt du rapport ou d'audition, selon le cas.

175. Les experts et les médecins sont mandatés immédiatement et directement par l'officier de police judiciaire. Le mandat est porté au dos du réquisitoire ou cédule de citation, et le payement en est effectué par le receveur de l'enregistrement du lieu le plus voisin de la résidence de l'instructeur. Aux armées, le mandat est tiré sur la caisse du payeur particulier de la division, ou du payeur principal du quartier général, selon que celui qui mandate fait personnellement partie de l'un ou l'autre de ces groupes.

176. Mandat de payement.

(*A porter au dos du réquisitoire n°* 154.)

Monsieur le receveur de l'enregistrement au bureau de Janville — *ou* M. le payeur principal du quartier général du ° corps d'armée — est invité, et au besoin requis, de payer sur la présentation de ce mandat, à M. (*nom, profession, domicile*), la somme de DOUZE FRANCS, qui lui a été allouée pour sa comparution en qualité d'expert et pour deux vacations.

Fait à Janville, le ....

L'officier de police judiciaire,

BON POUR 12 FRANCS.

Pour acquit.

Taxe de douze francs.

Le greffier,

177. D'après l'article 15 du décret du 13 novembre 1857, les interprètes employés à la traduction par écrit de pièces de conviction, rédigées en langue étrangère, sont payés d'après le prix de ce travail évalué par l'instructeur, séparément et selon sa nature, indépendamment de la taxe qui pourrait leur être accordée pour l'interprétation orale. Ainsi que le prescrit l'article 23 de l'instruction du 24 janvier 1858, le mandat devra exprimer la somme à laquelle a été évalué le susdit travail de traduction de pièces.

FRAIS

NÉCESSITÉS PAR L'EXÉCUTION DES COMMISSIONS ROGATOIRES.

---

178. Un bordereau des sommes allouées aux témoins, aux médecins, experts et interprètes, s'il y a lieu, doit être joint aux pièces de l'information, lors de leur envoi au magistrat requérant, afin que ces frais puissent figurer dans l'exécutoire des jugements de condamnations. (*L. minist. 7 mai* 1863.)

179. **Bordereau**

des frais de police judiciaire faits dans l'affaire du nommé RENAULT.

Taxe de témoins, experts interprètes ou traducteurs.......................... »

Honoraires de médecin.............. »

Frais de voiture.................... »

Port de pièces de conviction......... »

Total............. »

Certifié le présent bordereau montant à la somme de......

Janville, le......

L'officier de police judiciaire,

(Signature.)

180. Pour les frais de justice autres que les taxes de témoins, interprètes et experts, c'est-à-dire les frais de voitures, transports, port de pièces de conviction et autres imprévus, l'officier de police judiciaire les inscrit sur le bordereau des frais joint à la commission rogatoire, lequel doit être inventorié à titre de pièce justificative dans le dossier de la procédure suivie au parquet, — mais il ne peut en obtenir le remboursement qu'au moyen d'un mémoire de frais rendu exécutoire par le rapporteur commettant.

181. En ce qui a trait à l'exécution des commissions rogatoires en campagne, l'article 143 de l'instruction du 18 avril 1890 renferme une disposition similaire, conçue en ces termes :

« Lorsqu'un officier de police judiciaire militaire s'est déplacé pour un acte de son ministère, et que ce déplacement lui occasionne des frais, il doit, pour en obtenir le remboursement, établir un mémoire qu'il joint aux pièces à adresser au général. Le commissaire du gouvernement rapporteur saisi de l'affaire est tenu de rendre ce mémoire exécutoire. »

182. Mémoire

des frais urgents de procédure faits par l'officier de police judiciaire, dans l'affaire du nommé Renault, *inculpé de vols.*

Port de pièces de conviction.........	»
Frais de voitures...................	»
....	»
Total..........	»

Certifié le présent état montant à la somme de......

Janville, le......

L'officier de police judiciaire,

(*Signature.*)

Nous estimons qu'il y a lieu d'allouer la somme de......

Au parquet à Paris, le......

Le commissaire du gouvernement,

(*Signature.*)

Nous (*nom*), rapporteur près le 2e conseil de guerre du gouvernement militaire de Paris;

Vu les articles 133, 134 et 142 du décret du 18 juin 1811 ;

Vu l'urgence, avons arrêté et rendu exécutoire le présent mémoire pour la somme de....., montant de la taxe que nous en avons faite.

Ordonnons que ladite somme sera payée

par M. le receveur de l'enregistrement à Janville.

Fait en notre cabinet à Paris, le......

Le rapporteur,
(Signature.)

Pour acquit de la somme ci-dessus.

L'officier de police judiciaire,
(Signature.)

183. Les mémoires de frais urgents doivent être envoyés au rapporteur avec la commission rogatoire et les actes qui en ont été la conséquence. D'après les prescriptions de l'article 5 de l'ordonnance du 28 novembre 1838, les mémoires doivent être présentés à la taxe et les frais touchés dans un délai déterminé. Le payement doit en être réclamé dans les six mois qui suivent la dépense. Passé ce délai lesdits mémoires ne pourraient plus être acquittés qu'autant qu'il serait justifié que les retards ne sont point imputables à la partie dénommée dans l'exécutoire. Cette justification ne peut être admise que par le ministre.

INVENTAIRE DES PIÈCES.

184. Ainsi que le prescrit l'article 142 de l'instruction du 18 avril 1890, lorsque l'information est terminée, le greffier rassemble les pièces du dossier, y compris la commission rogatoire et tout autre document qui aurait été envoyé par le rapporteur, et dresse, du tout, un inventaire qu'il signe. Le dossier est ensuite adressé par l'officier de police judiciaire au magistrat qui l'a délégué ; toutes les pièces sont closes et cachetées. Les pièces à conviction sont portées au greffe du conseil de guerre ; elles doivent être mentionnées sur l'inventaire, ainsi que les originaux de notification de cédule, et l'état des frais (s'il y en a eu) joint au procès-verbal d'information.

185. Inventaire

des pièces constatant l'exécution des deux commissions rogatoires décernées par M. le rapporteur du 2e conseil de guerre de Paris, le 10 août 189., à M. le commandant de la brigade de gendarmerie de Janville, à l'effet de rechercher et saisir une montre et entendre des témoins sur les poursuites exercées contre RENAULT, ***prévenu de vols.***

1° Deux commissions rogatoires;

2° Trois originaux de signification de cédules;

3° Trois procès-verbaux d'information;

4° Un procès-verbal de saisie;

5° Une montre en argent;

6° L'état des frais;

7° Un mémoire de frais urgents, portant exécutoire et à retourner à l'officier de police judiciaire.

En tout, douze pièces qui sont paraphées par ledit commandant de la brigade.

A Janville, le......

Le greffier.

TABLE ALPHABÉTIQUE

DES MATIÈRES.

Les nombres qui ne sont point précédés de la lettre *p*, — pour page, — ni suivis d'une indication particulière, indiquent les numéros des alinéas.

A

B

C

D

E

F

G

H

I

L

M

N

O

P

Q

R

S

T

V

Paris. — Imp. Léautey, rue Saint-Guillaume, 24.

www.ingramcontent.com/pod-product-compliance
Ingram Content Group UK Ltd.
Pitfield, Milton Keynes, MK11 3LW, UK
UKHW021155260726
13994UKWH00001B/472

9 782329 459226